HEYNE KOCHBÜCHER

ARBO GAST

Wein und Saft aus Obst und Beeren

zu Hause selbst gemacht

Originalausgabe

WILHELM HEYNE VERLAG
MÜNCHEN

HEYNE KOCHBUCH
07/4680

Den Winzern, die mir das Weinmachen beibrachten:
Philipp Räder
Manfred Gröhl
Helmut Krauß

Ich bedanke mich für die Unterstützung
bei den Firmen
Leo Kübler, Karlsruhe
Rauch GmbH, Sinzheim, und
Paul Arauner, Kitzingen

Gleichzeitig danke ich den Kollegen vom
›Churpfaltz-Keller Zellertal‹
für ihre ausdauernde Unterstützung bei der Arbeit
im Keller und an diesem Buch

Überarbeitete Neuauflage;
bisher lieferbar unter Nr. 07/4380

Copyright © 1983 und 1995
by Wilhelm Heyne Verlag GmbH & Co. KG, München
Printed in Germany 1995
Umschlaggestaltung: Atelier Schütz, München
Umschlagfotos: studio arbogast
Illustrationen: studio arbogast, Ulrich Lassek
Satz: Schaber Satz- und Datentechnik, Wels
Druck: RMO, München

ISBN 3-453-08719-4

INHALT

Abkürzungen: g   = Gramm
                l   = Liter
            EL   = Eßlöffel
          ccm = Kubikzentimeter (= 1 g)

Vorwort

Wein – woran mag es liegen, daß mir dieser Begriff wie ein Zauberwort im Ohr klingt?

Das Lexikon vermerkt kühl und sachlich: »Wein, alkoholisches Getränk, das durch zuckerhaltige Obstsäfte gewonnen wird, im engeren Sinne der gegorene Saft der Beeren des Weinstocks im Gegensatz zum Obstwein, der aus Äpfeln, Birnen und anderem Obst bereitet wird ...«

Das alles ist richtig und wichtig, bezeichnet aber nur mit trockenen Worten den erstaunlichen Vorgang einer Verwandlung von einer Materie in eine andere und ruft dennoch eine meiner frühesten Kindheitserinnerungen wach:

Ich sehe mich an der schwieligen Hand eines älteren Mannes bergan gehen, vorbei an alten Mauern mit Rundbögen aus rotem und gelbem Sandstein und Türen aus grauem, morschem Holz, die von betörend duftendem Flieder und Holunder überwuchert sind. Wir gehen in der Wärme eines Frühsommertages die Straße hinauf, bis wir eines dieser Kellertore erreichen. Es steht offen. Eine Treppe führt hinab und verschwindet im Dunkel. Ich will da nicht hineingehen, weil ich mich vor der Finsternis fürchte, aber der Mann lacht und zieht mich hinter sich her; er beruhigt mich, sagt, wenn ich erst einmal erfahre, was hier gelagert sei und in den Fässern lebe, würde ich mich einst an ihn erinnern und ihm beipflichten; denn ein solcher Keller, aus dem Felsen herausgehauen und mit Wein gefüllt, komme gleich nach dem Paradies.

Ich begriff nichts von dem, was er mir auseinandersetzte und

9

erklärte, erkannte dafür im trüben Licht einer elektrischen Birne ein Gewölbe, Fässer über Fässer, nebeneinander aufgereiht und übereinander gestapelt; große, mittlere, ovale und runde und obenauf noch kleine, eingeklemmt zwischen den auseinanderstrebenden Wölbungen der dicken Holzgefäße.

Erst nach einiger Zeit konnte ich erkennen, daß sich an einem der Fässer ein Mann mit blauer Schürze zu schaffen machte. Er schraubte einen Schlauch unten an ein Gestell und hängte ihn in ein Faß. Dann stieg er auf eine Leiter und steckte einen anderen Schlauch, der an der gegenüberliegenden Seite des Gestells hing, in ein anderes Faß. Anschließend griff er nach dem Hebelarm des Gestells und bewegte ihn hin und her. Es gluckerte und rauschte und ich freute mich über das Geräusch.

»Der junge Wein wird abgestochen!«

Ich blickte fragend nach oben. »Der Wein von dem einen Faß wird in ein anderes Faß gepumpt, das siehst du doch«, meinte mein Begleiter. Ich sah zwar nichts, hörte aber um so deutlicher die Flüssigkeit durch die Schläuche rauschen. Dieses Geräusch verstummte dann aber, und schließlich gluckerte nur mehr in dem zweiten Faß der Wein. Als mein Begleiter mir vorschlug, das Ohr an das dunkle Holz zu halten, nahm ich das Geräusch fasziniert in mich auf.

Ich hatte nun all meine Angst verloren und sah mich neugierig in dem Keller um.

Währenddessen erkundigte sich mein Begleiter bei dem Mann im blauen Schurz, ob er ein Gläschen trinken könne, man müsse ja schließlich probieren, ob aus dem Wein was geworden sei. Sofort wurde ein kleiner roter Schlauch geholt und zu dem dicken Schlauch ins Faß gehängt. Von unten konnte ich sehen, wie der Mann auf dem Leiterchen an dem Schlauchende sog, dann den Daumen auf die Öffnung legte und es in eine Flasche lenkte.

Es sprudelte und die Flasche füllte sich allmählich mit Wein.

»Ein Glas genügt dir ja net«, meinte der Mann und lachte, und dann wandte er sich an mich: »Willst du auch was trinke?«

Ich nickte begeistert, und da ich zu der Zeit gerade das Sprechen lernte, brachte ich nur ein undeutliches, aber dafür sehr eindeutiges »Tinke, tinke« heraus.

So wurde mir ein Gläschen, wenn auch nur halb gefüllt, gereicht und nach einem oder zwei Schlucken wieder weggenommen.

»Und wie schmeckt es?«

»Prima!«

Natürlich habe ich keine Erinnerung mehr daran, ob es mir wirklich geschmeckt hat; aber noch heute lacht man in meiner Familie und im Dorf über mein erstes Kellererlebnis.

Diesem ersten Kellergang sollten noch viele folgen: ich sah zu, wie aus Weintrauben Most wurde, hörte ihn in die Fässer sprudeln, roch den unvergleichlichen Duft des Weinherbstes, der wochenlang die sonnendurchfluteten Dörfer des pfälzisch-rheinhessischen Hügellandes verzauberte und trunken machte und schmeckte schließlich die allmähliche Veränderung des trüben süßen Saftes, bis er sich lichtklar zu herbem Wein gewandelt hatte.

Als ich größer wurde, lernte ich auch die Weinberge kennen und durfte zusehen, wie im Frühjahr die Reben geschnitten und an Drähte geheftet wurden. Mit dem alten Nachbarn wanderte ich in eine ferne Gemarkung, und während ich im Gras in der Sonne lag und den Lerchen zuhörte, hackte er die schollige Erde, Rebstock um Rebstock. Von meinem Platz sah ich weit hinaus ins Land; vor mir breitete sich die Ebene mit den braunen und grünen Flächen der Felder und Wiesen aus, unterbrochen nur von den dunklen Punkten der Obstbäume, und an den sanften Hängen zeichneten sich die fein gescheitelten Zeilen der Weinberge ab.

Aber was waren Frühjahr und Sommer mit ihren Arbeiten und Freuden gegen den Herbst, wenn die reiche Ernte eingebracht wurde und sich das Dorf mit sämtlichen Bewohnern, selbst denen, die eigentlich gar nichts mit Wein zu tun hatten, in einen regelrechten Taumel stürzte?

Nun erst erkannte ich, welch wichtigen Anteil der Wein am Leben und Treiben der Menschen hatte, daß viele ausschließlich davon lebten und manch einer seinen Wohlstand darauf begründete.

Wenn ich in der Kellergasse an den geheimnisvollen Türen vorbeiging, die einen geschlossen, die anderen offen, das Dunkel mit Leben erfüllt, las ich hier und da im Schlußstein des Rundbogens die Jahreszahlen. Es gab große und gleichmäßige Steine mit den Ziffern 1906, aber auch schräge und dünne Einkerbungen von 1766 und zierliche, fast nicht leserliche Zahlen, die ich schließlich als 1541 erkannte. Ich fragte den Mann, der mich zu dem Keller geführt hatte und mir meinen ersten Wein zu trinken gab und der seltsamerweise immer dort zu treffen war, wo eine Kellertür offenstand: »Seit wann gibt es denn eigentlich diese Keller?« und er antwortete: »Die waren schon immer da, ich glaube schon zur Zeit der Römer.«

Mit dieser Information konnte ich erst nicht viel anfangen, erfuhr aber später in der zweiklassigen Dorfschule vom Heimatkundelehrer, daß unser Dorf schon zu einer Zeit, als der Großvater Karls des Großen noch ein halbes Kind gewesen sein muß, in einer Urkunde namentlich auftaucht, und zwar deshalb, weil einem Kloster ein Weinberg aus unserer Gemarkung geschenkt wurde. Meine Begeisterung und Neugier aber stieg ins Unermeßliche, als wir Jahre später mit der Schulklasse in das Heimatmuseum unseres Kreisstädtchens fahren durften und dort die ausgestellten Weinamphoren und ein Winzermesser – eine Kostbarkeit – aus dem fünften vorchristlichen Jahrhundert besichtigten.

»So lange wird bei uns schon Wein angebaut!« riefen wir aus, denn was 2500 Jahre sind, konnten wir uns schon vorstellen.

Der Lehrer ließ sich von unserer Begeisterung anstecken:

»Was ihr hier seht, sind Weingefäße aus Griechenland, Schalen und Amphoren, und das Rebmesser ist ebenfalls griechischen oder vielleicht auch römischen Ursprungs. Die Gefäße sind aus Ton, das Messer ist aus Metall; nur solche Materialien haben die Zeiten überdauern können. Ob der Wein hier angebaut oder ob er eingeführt wurde, wissen wir allerdings heute nicht mehr zu entscheiden. Der Wein selbst ist verschwunden und das Holz der Weinstöcke ist verrottet,ebenso wie die Pfähle, die die Ranken hielten. Wir haben keinerlei Funde vom Weinbau außer diesen, und es gibt keine schriftlichen Quellen, in denen etwas hätte verzeichnet sein können. Zu der Zeit kannten unsere Vorfahren keine Schrift, und die Römer und Griechen, die schon schreiben konnten, kamen nicht auf den Gedanken, für Leute etwas aufzuschreiben, die in ihren Augen Barbaren waren und mit denen sie bestenfalls Handel trieben. Auf diese Weise dürften auch diese Gegenstände hierher gekommen sein.

Aber ich will euch noch mehr erzählen«, fuhr unser Lehrer fort, »damit ihr wißt, woher der Segen unserer Heimat kommt und wie alt er schon ist. Wilde Weinreben wuchsen schon in der Zeit, die man Diluvium nennt. Dort seht ihr sie auf der Erdzeitkarte eingezeichnet. So nennt man die Zeit von etwa 600 000 bis 20 000, also die Zeit der ersten Menschen, in der älteren und ältesten Steinzeit. Das sind Zeitspannen, die man sich eigentlich schon nicht mehr vorstellen kann.

Die Früchte dieser Reben dürften hart gewesen sein und bitter oder sauer geschmeckt haben. Saft daraus zu machen, ist den primitiven Ureinwohnern Mitteleuropas wohl nicht eingefallen, und ohne Saft kann es ja auch keinen Wein geben.

Die Erfindung oder Entdeckung des Weins glückte anderen Leuten, die schon etwas fortgeschritten und vor allem klimatisch begünstigter waren.

Das ist in Kleinasien gewesen. Es wird angenommen, daß in den Gegenden südlich des Kaspischen Meeres, am Ursitz der altorientalischen Stämme, etwa der Babylonier oder Assyrer, zuerst Wein aufgetaucht ist. Aus dieser Gegend begleitete der Wein die sich ausbreitenden Stämme bis an den unteren Euphrat und in die Gegenden des Westens und Südwestens. Aus Syrien breitete sich die Weinkultur über Kleinasien aus und drang über den Bosporus von Norden her bis Griechenland. Der neuartige Wein verdrängte überall den älteren Met, von dem unsere eigenen Vorfahren am längsten nicht lassen wollten. Aber der Handel der Phönizier sorgte dafür, daß der Wein immer populärer wurde.

In Ägypten kultivierte man Wein schon zu den Zeiten des Pyramidenbaus, und das ist auch fast 5000 Jahre her. Man unterschied damals viele Sorten nach Geschmack und Farbe, und alte Hieroglyphen weisen darauf hin, daß man Wein zu allen Festen strömen ließ.

Zu Zeiten Homers, der die Geschichte vom Untergang Trojas und den Irrfahrten des Odysseus erzählte, galt der Weinstock als ein Geschenk des Zeus für Ganymed oder Dionysos. In keiner Kultur des Altertums spielte der Wein eine so große Rolle wie in der griechischen. Immer wieder ist in den klassischen Werken der Antike von Wein, Rebstöcken und Weintrauben die Rede, häufiger noch als in der Bibel. Wein war nicht nur gewöhnlicher Bestandteil des alltäglichen Lebens, sondern auch Grundlage eines religiösen Kultes, mit dem Dionysos, der Gott des Weins, verehrt wurde.

In Griechenland entwickelten sich verschiedene Weinbauzentren, die miteinander wetteiferten, um den besten Wein anzubieten. Berühmt war der pramnische Wein von Ikarus und der maroneische von Zakynthos. Auch Lesbos, Kos und Thasos bauten begehrte Weine an.

Wenn wir aber meinen«, so fuhr der Lehrer fort, »die Alten hätten nur eine einfache Art des Weins getrunken, so unterschätzen wir ihren Geschmack. Schon um 550 vor Christus, also etwa in der Zeit, als unser Winzermesser in der Vitrine hier verfertigt wurde, kannten die Karthager in Nordafrika bereits die Bereitung der Ausleseweine.«

Nach uralter Sitte machte man den Wein durch Zusatz von Terpentin haltbar. Wer einmal in Griechenland war oder geharzten Wein getrunken hat, weiß, wie das schmeckt, denn diese Art der Konservierung ist seit Tausenden von Jahren gleich geblieben.

Die frühesten Seefrachten der Griechen brachten den Wein in ihre Kolonien nach Italien. Romulus, der sagenhafte Gründer von Rom, opferte den Göttern noch Milch, sein Nachfolger Numa Pompilius hingegen erließ ein Gesetz, in dem verboten wurde, Tote vor dem Begräbnis mit Wein zu besprengen.

Zuerst kultivierte man den Weinanbau in der Campagna, doch kam er frühzeitig auch schon an die Pomündung und in die Landschaft Picenum (dem heutigen Ancona), die als besonders weinreich galt.

Das älteste uns überlieferte Buch in lateinischer Sprache handelt bezeichnenderweise vom Landbau, also auch vom Wein, und ist zugleich eine Anleitung zum Selbermachen: Catos »De Agri Cultura«. Hier wird genauestens beschrieben, wie man ein Weingut einrichtet, angefangen bei den Fässern für fünf Weinernten bis hin zum kleinen Weidenkörbchen, der Badewanne und den Mundtüchern der Angestellten. Es werden detaillierte Anleitungen gegeben, wie man Torkelkeltern baut, wie Weinreben zu beschneiden sind, ja sogar Rezepte für verschiedene Weine sind in dem Buch zu finden (vergleichen Sie S. 120). Ich werde später ausführlicher darauf eingehen. Von nun an erfahren wir viel über Wein, es gibt keinen Dichter, der ihn nicht verherrlicht oder wenigstens einige Zeilen darüber verfaßt hätte. Wir wüßten heutzutage nichts von Tiroler und Veltliner Weinen (vini raetici), wenn Vergil sie nicht erwähnt hätte:

»Unserem Weinstock reift nicht eben die Traube, wie jene, die auf Lesbos der Winzer pflückt von Reben Methymnas.

Thasos hat Weinberge; Weißwein reift goldklar in Ägypten, dieser auf fetterem Grund, doch jener auf leichterem Boden. Psithia eignet sich eher zum Sekt, schnell wirkt der Lagéos, dringt ins Blut, gießt Blei ins Gebein und fesselt die Zunge. Purpurwein und Gutedel glühn. Dich, Raetiker, wie nur rühme ich dich? Doch streite drum nicht mit falernischen Kellern! Auch Aminaeas Rebe trägt Wein, hochalternd; vor ihm neigt selbst der Tmolier sich und selbst der fürstliche Chier. Klein ist Argos' Rebe, doch darf sich ihr keine vergleichen also reichlich entströmt ihr der Wein, so jahrüberdauernd. Dich auch, Göttern beim Opfer willkommen und Menschen beim Nachtisch Rhodier, rühm' ich und dich, Bumastus, mit schwellenden Trauben. Aber zahllos sind die vielen Arten und Namen, schließlich, was läge auch dran, mit einer Zahl sie zu fassen?«

Im Laufe der Zeit hatte Italien sich zu einem Weinland entwickelt, das Wein aus-, Getreide aber einführte. Die berühmtesten Weine kamen aus der Campagna, darunter der vielbesungene Falerner. Nach Gallien kam der Weinbau schon um 600 vor Christus, und zwar in die griechische Kolonie Massilia, dem heutigen Marseille.

Cäsar erfreute sich an den Weingärten von Gallia Narbonensis (Provence), man kannte die Trauben der Medulli (Médoc), Plinius den abernischen (Auvergne), den helvetischen (Viviers).

Kaiser Domitian ließ zugunsten Italiens die Hälfte der gallischen Weinberge zerstören, der ›Weinkaiser‹ Probus jedoch hob diese Maßregel wieder auf und Aurelian bepflanzte die Côte d'Or (daher der Name ›Romanée‹).

Aber wie lagerten und transportierten die Winzer jener Zeit ihre Weine? Sie benutzten dazu ein mit Pech bestrichenes Ziegenbockfell (wie es zur Jahrhundertwende auch noch in Griechenland üblich war) oder tönerne Gefäße, Dolien und Amphoren. Erst die Gallier erfanden die hölzernen Fässer, wie sie noch heute in Gebrauch sind.

Während die Römer unsere Länder bis zum Rhein und Limes militärisch besetzt hatten, fand auch ein reger Kulturaustausch statt. Durch Ausgrabungen weiß man heute, daß die Besatzungsmächte die Lebensweise unserer Vorfahren entscheidend beeinflußt haben.

Gallische und hispanische Legionen sowie die Völker, die sie nach sich zogen, pflanzten Wein innerhalb unserer Grenzen an; nunmehr können wir uns auf gesicherte Daten stützen: Der Moselwein war seinerzeit schon so berühmt, daß Ausonius – ein römischer Dichter des vierten Jahrhunderts unserer Zeitrechnung – ihn mit dem italienischen Wein verglich. Damals scheint das Klima in unseren Breiten angenehmer gewesen zu sein, zumindest für den Weinstock, da man offensichtlich auch am Niederrhein Wein anbaute: Bei Ausgrabungen in Xanten fand man Traubenkerne, was darauf schließen läßt, daß sich der Rückstand beim Keltern der Trester irgendwo in der Ecke eines Kelterhauses gehalten hatte.

Die Blüte des Weinbaus in den damaligen römischen Provinzen Germania superior (Elsaß, Pfalz), Belgica und Germania inferior (Mittel- und Niederrhein) erreichte ihren Höhepunkt, als Trier zu einer der vier Präfekturen des Römischen Reiches unter Konstantin ernannt wurde (Residenz der römischen Kaiser war sie ja schon vorher).

Allein aus unserer Sprache können wir leicht ableiten, welche Bedeutung dem Weinbau einst beigemessen wurde, denn fast alles, was mit diesem Wirtschaftszweig zu tun hatte, trägt lateinische Namen, so wie im 18./19. Jahrhundert Erfindungen und Moden mit französischen Vokabeln benannt wurden und heutzutage angloamerikanische Begriffe in den Sprachgebrauch übernommen werden. Schauen wir uns einmal einige Lehnübersetzungen an, die mit der Weinkultur zu tun haben:

Wein – vinum	Küfer – cuparius
Winzer – vinitor	Keller – cellaria

Torkelkelter – torcula (heute noch im ›Törggelen‹ Südtirols!)
Most – vinum mustum
Becher – bicarium
Lauerwein – lora (mit Wasser aufgegossener Wein)
Presse – pressa
Spund – (ex)punctus

Wir besitzen leider keine Dokumente über unsere Sprache aus dieser Zeit, die oben genannten Begriffe aber zeigen, daß sie in den damaligen germanischen Sprachschatz aufgenommen worden waren und die folgenden Jahrhunderte der Völkerwanderungen überdauerten.

Die Völkerwanderung hatte zur Folge, daß ganze Landschaften von ihren Einwohnern verlassen und von fremden Menschen neu besiedelt wurden; dadurch zerfiel auch die römisch-hellenistische Zivilisation, womit das Ende des geregelten Weinbaus einherging. Über Jahrhunderte hinweg schweigt die Chronik und auch archäologische Funde geben kaum Aufschluß.

Es ist jedoch anzunehmen, daß der eine oder andere Weingarten oder Weinberg in einem unauffälligen Winkel in neue Zeiten hinübergerettet wurde; manche Neuankömmlinge aus dem Norden und Osten mögen das Wissen mitgebracht haben, wie man ihn pflegt und bestellt und auf welche Weise man den köstlichen Saft zubereitet. Als sich im 6. und 7. Jahrhundert die Völkerschaften beruhigten, konnte man sich einigermaßen gesichert wieder dem Weinbau widmen.

Vorreiter der neuen Kultur wurden nun die klösterlichen Gemeinschaften, die das Wissen des versunkenen Altertums retteten und mit Neuem verbanden.

Die Klöster gelangten bald zu Reichtum, gleichzeitig bildeten sich stabilere Staaten und der Handel manifestierte sich: es wurde gekauft, verkauft, getauscht und geschenkt, und all das mußte urkundlich festgehalten werden. Und so dokumentierten Schriften aus dem 7. und 8. Jahrhundert (noch vor der Regierungszeit Karls des Großen), daß in vielen Gegenden Deutschlands Weinbau betrieben, Trauben geerntet und Wein getrunken wurde.

Karl der Große, der die antike Kultur in seinem Frankenland wiederbeleben wollte, besaß selbst Weinberge in Burgund und verpflanzte von dort die ersten Reben nach Rüdesheim. Es heißt auch, er habe aus Tirol eine Rebe eingeführt, die anfangs Tirolinger genannt wurde und heute unschwer als Trollinger wiedererkannt werden kann. Die damalige große Bedeutung des Weins zeigt sich auch darin, daß Karl der Große, als er die lateinischen Monatsnamen verdeutschen ließ, den Oktober ›vindumemanoth‹ (Weinlesemonat) nannte, als ob im Herbst sonst nichts zu ernten wäre.

Während des Hohen Mittelalters verbreitete sich der deutsche Weinbau nach Norden und Osten. In Schlesien, Ostpreußen, in Sachsen und Mecklenburg legte man Weinberge an. Jährlich überschwemmten Mengen von Wein das Reich, der Rebensaft war zeitweise billiger als Wasser und wurde in trockenen Jahren zum Anrühren des Mörtels (!) verwendet. Der strenge Winter von 1437 vernichtete alle Weinberge an der Weichsel so nachhaltig, daß man darauf verzichtete, sie wieder neu anzulegen. Diese erste Andeutung eines offensichtlichen Klimawechsels wurde Gewißheit, als der lange und strenge Winter von 1474 den gesamten Weinbergbestand von Mittel- und Ostdeutschland für immer vernichtete.

Der Dreißigjährige Krieg tat sein übriges; mit ihm wurde das ›goldene Weinzeitalter‹ beendet, in dem man für ein paar Pfennige so viel Wein trinken konnte wie man wollte. Der Krieg verwüstete ganze Landschaften, das Holz der Reben wurde in den Wintern verheizt, die Weingärten und -berge verwilderten, weil sich niemand mehr um ihre Pflege kümmerte. Mehr als die Hälfte der Bevölkerung starb an den Kriegsfolgen; Epidemien und Hungersnöte taten das ihre, viele Menschen wanderten aus.

Zwar erholte sich das Volk nach recht kurzer Zeit, es wurde auch wieder Wein angebaut; doch nicht mehr als das ›Massengetränk‹ des Mittelalters. An seine Stelle trat jetzt das Bier.

Zu Anfang des 18. Jahrhunderts – auch im Weinbau herrschte der Geist der Aufklärung – widmete man sich zunehmend der Verfeinerung der Reben und des Weins. Nur mehr in bekannt guten Lagen durfte Wein angebaut werden, neue Rebsorten, die gute Qualitäten lieferten und nicht nur Massenträger waren wie die Elblingrebe, wurden eingeführt. Wer sich etwas näher mit den einzelnen Sorten beschäftigt, weiß, daß dazu der Ruländer und die Gutedelrebe gehören.

Im 19. Jahrhundert weiteten sich die Weinanbaugebiete wieder aus – und zwar auf eine weitaus größere Fläche als heute! –, neue Erkenntnisse der Weinbehandlung und der Kellertechnik führten den Weinbau zu einer neuen Blüte.

Doch dann begann fast unmerklich eine schleichende Katastrophe, die man heute getrost mit dem aus der Atomtechnologie übernommenen Kürzel ›GAU‹ (größter anzunehmender Unfall) bezeichnen darf: Die Reblaus wurde aus Amerika eingeschleppt. Über Jahrzehnte hinweg verseuchte sie so gut wie alle Weinberge in ganz Europa. Ratlos und ohne wirksame Gegenmittel versuchten die Winzer dieser Pest Herr zu werden. Es gäbe heute keinen einheimischen Wein mehr, wenn nicht ein genialer Forscher die Idee gehabt hätte, eine amerikanische Rebe (auch in Amerika hat der Weinbau eine fast jahrhundertealte Tradition!) mit einer einheimischen zu veredeln. Dadurch wurde sie reblausresistent.

Unserem Jahrhundert blieb es vorbehalten, den Weinbau zu industrialisieren: Das beginnt schon bei der Neuzüchtung von ertragreicheren Sorten, die zudem früher gelesen werden können oder frostunempfindlicher sind, bis hin zu den Schädlingsbekämpfungsmethoden, die mittlerweile so vervollkommnet wurden, daß im Weinberg fast nichts mehr wächst; außer der Rebe selbst. Ganze Berge werden abgetragen, neue angelegt;

das alles, um optimale Bedingungen für den Weinbau zu schaffen, wobei gesagt werden muß, daß man dabei vor allem an bessere Arbeitsbedingungen für den mechanisierten Winzer denkt.

Wer die gut sortierte Alkoholikaabteilung eines Supermarktes betritt, wird beim Anblick der vielen Weinsorten unterschiedlicher Lagen und Qualitätsstufen aus vielen Ländern überrascht sein, ein Angebot, von dem der Weinfreund noch vor einer Generation nicht zu träumen gewagt hätte. Die Frage nach Herkunft und Qualität von Weinen erübrigt sich aber, da sich dieses Buch der Herstellung des Weins widmet. Der Leser und künftige Weinbauer kann selbst entscheiden, wie natürlich oder mit welchem Anteil an Zusatzstoffen er ›seinen‹ Wein gelingen lassen will.

Das Ausgangsprodukt:
die reife Frucht

War in der Einführung von dem ›Kulturgut‹, Genußmittel oder auch Nahrungsmittel Wein die Rede, als sei es ein fertiges Naturprodukt, so wies ich im letzten Satz darauf hin, daß man Wein nur mit Hilfe der Natur herstellen kann. Wein ist vergorener Saft aus *geeigneten* Früchten. Das ist besonders wichtig; denn im Grunde läßt sich aus allem, was gewachsen ist, Saft pressen, und jeder Saft mag – mit einiger Geschicklichkeit – auch vergoren werden. In diesem Buch beschränken wir uns auf Trauben- und Obstsaft und wollen nur beiläufig einige mehr ›exotische‹ Möglichkeiten der Weinbereitung erwähnen, auch wenn es hin und wieder Leute gibt, die auf ihren Wein aus Pilzen oder Kohlgemüse schwören.

Nur wenige Obst- und Fruchtsorten eignen sich zur Bereitung von *gutem und gesundem* Wein, womit gesagt sein soll, daß die Qualität eines Weins bestimmt wird von einem harmonischen Zucker-Säure-Extrakt-Verhältnis, einer problemlosen Herstellung und Lagerung sowie einer (relativen) Unempfindlichkeit gegenüber Krankheiten. Davon wird noch zu sprechen sein, denn jede Obst- oder Fruchtsorte reagiert anders auf den Gärungsprozeß und bietet sehr unterschiedliche Ergebnisse an. Deswegen wollen wir uns auch nicht mit den Gemüsesäften beschäftigen – von der Tomate bis zur Karotte –, da diese zwar als Saft, nicht aber als Wein empfohlen werden können.

Wer einen eigenen Garten hat oder Früchte sammelt, seien es wilde oder veredelte von Apfelbäumen an alten Landstraßen, der wird sicherlich zunächst das ernten, was die Natur reichlich anbietet, und dazu gehören die Haupt-Obstsorten Apfel und Birne sowie die verschiedenen Beerensorten.

Der alljährliche Segen der Natur läßt meist kaum die Frage aufkommen, wozu man ihn verarbeiten will. Bei genügender Menge wird es selbstverständlich sein, das Obst nicht nur einzumachen, einzukochen, einzulegen oder zu trocknen, sondern es zu Saft und Wein weiterzuverarbeiten. Wer einen Zentner Äpfel oder andere Früchte zuviel geerntet hat, wird nicht lange überlegen, ob seine Sorte auch die optimale zur Weinbereitung ist, sondern versuchen, das Beste daraus zu machen. Wer seinen Garten und dessen Erntesegen kennt, wird allerdings schon aus Erfahrung wissen, welche Rohprodukte wie am besten konserviert werden. Während man bei der Marmeladen- und Geleebereitung vor allem darauf achtet, daß die verwendeten Früchte möglichst aus eigener Kraft gelieren können, so werden zur Wein- und Saftbereitung Obst- und Beerensorten ausgewählt, die nicht zum Gelieren neigen (falls sie es doch tun, so kann man mit chemischen Mitteln nachhelfen, siehe Seite 51).

Die Ernte der Früchte

Wichtiger Bestandteil der Saft- und Weinzubereitung ist die Ernte der reifen, mehr noch der vollreifen Frucht. Und hier kann nur die Erfahrung des Gartenbesitzers den richtigen Termin bestimmen. Denn die Reife einer Frucht ist von der Form der Veredelungsunterlage einer Pflanze, vom Klima eines Landstrichs, von der Witterung während des Reifeprozesses, von der Lage des Gartens und schließlich von der Beschaffenheit des Bodens abhängig. Die Einflüsse dieser einzelnen Punkte sind nicht exakt meßbar, und auch ich muß in jedem Jahr zu einem anderen Zeitpunkt im Garten die Bäume und Sträucher betrachten, um festzustellen: »Nun ist es soweit.«

Ich bin also nicht imstande, nun einen allgemeingültigen Erntekalender aufzustellen, will aber den Erntetermin auch nicht zum Problem hochstilisieren. Der erfahrene Landmann kennt einige Faustregeln, an die man sich halten sollte:

- Das erste Anzeichen von Reife ist das Fallobst, das zunehmend den Boden und die Baumscheibe bedeckt. Fallobst sind von Schädlingen befallene Früchte, die zeitiger ›notreif‹ wurden.
- Wenn man vom Baum eine Frucht bricht, und der Stiel löst sich dabei ohne Kraftaufwand, beginnt die Vollreife.
- Wenn man eine Frucht durchschneidet – etwa einen Apfel – und die Kerne sind bereits braun gefärbt, sollte man seine Gerätschaften zum Versaften bereitstellen.

Das sind nun Hinweise, die vor allem für Baumobst gelten, und nicht auf Beerenobst übertragen werden können.

Die verschiedenen Obstsorten kennen auch unterschiedliche Reifegrade. Von der Baumreife beim Steinobst (Zwetschge, Mirabelle und so weiter) wird dann gesprochen, wenn die Früchte ›genußreif‹ sind. Das erkennt man daran, daß die Früchte bereits weich zu werden beginnen, süß schmecken und sich der Kern leicht aus dem Fruchtfleisch lösen läßt. Mit der Genußreife von Steinobst ist der chemische Prozeß der Zuckerbildung beendet, Kernobstsorten (Äpfel, Birnen und so weiter) müssen jedoch zur Saft- und Weinbereitung ›lagerreif‹ sein. Das heißt, daß die Früchte nach der Ernte weiterreifen und Zucker bilden, bis der höchste Wert erreicht ist. Überläßt man das Obst seinem Schicksal und versäumt den Zeitraum der optimalen Lagerreife, so wird es teigig, mehlig und verliert dabei an Zucker, so daß die Früchte entweder verschrumpeln oder verfaulen.

Alle Früchte, die zu früh oder zu spät geerntet wurden, haben nur geringen Wert oder sind überhaupt unbrauchbar. Wer der Meinung ist, zur Saft- und Weingewinnung sei jedes Obst gut genug (man könne ja nachzuckern), begeht einen großen Irrtum. Die Geschmacksnerven registrieren beim Genuß von Säften und Weinen viel eher Qualitätsunterschiede als beim Probieren von Gelees und Marmeladen. ›Unreifes und überreifes, faules und krankes Lesegut von Weintrauben kann keinen guten Wein ergeben.‹ Diesen alten Winzerspruch sollte man getrost auch auf Saft und Wein von anderen Obstsorten übertragen.

Jedoch nicht nur von der Güte der Frucht hängt der Wohlgeschmack des späteren Getränks ab; auch die Anfälligkeit für Geschmacksverluste, Änderung des Aussehens (Trübungen = Umschlagen der Farbe) sowie die Neigung zu verschiedenen Krankheiten stehen und fallen mit der Qualität des Erntegutes. Deshalb sollen Sie zur Saft- und Weinbereitung nur vollreifes (genußreifes/lagerreifes) Obst verwenden.

Unreifes Obst hat zuwenig Zucker und Fruchtaroma, zuviel Säure und beinhaltet zudem geleebildende Stoffe, die den späteren Wein nur schwer oder überhaupt nicht klar werden lassen.

Zuckermangel und Säureüberschuß sind nur mit chemischen Mitteln auszugleichen (Zuckerzugabe, Säureverminderung), und das nur schwach vorhandene Aroma (das das spätere ›Bukett‹ bildet) wird dadurch noch weiter abgeschwächt. Die Reife einer Frucht, ob Traube, Beere oder Obst, ist eine gewachsene Eigenschaft und kann weder durch chemische noch durch kellertechnische Tricks bei der Herstellung des Weins künstlich ersetzt werden.

Einiges zur Ernte, Eignung und Behandlung der Früchte

Weintrauben

Die klassische Frucht zur Weinbereitung beginnt ab August zu reifen und kann je nach Sorte, Jahrgang und Standort von September bis November geerntet werden. Dieser Hinweis ist ungenau und nur schwer zu präzisieren, selbst erfahrene Winzer kennen keine Standarddaten. Gerade bei der Traube muß abgewartet werden, daß die Quantität mit der Qualität, also einem ausgewogenen Zucker-Säure- und Aromaverhältnis harmoniert. Während des Reifeprozesses der Traube, der von schädlichen, aber auch gütesteigernden Schimmelpilzen beeinflußt wird, verliert die Traube an Flüssigkeit: der Ertrag wird geringer. Im gleichen Maße wie der Zuckergehalt steigt, verringert sich der Säureanteil. Es ist außerordentlich schwierig, hier den richtigen Zeitpunkt zu finden. In den großen Weinanbaugebieten wird der Zeitpunkt der Ernte amtlich festgesetzt. Danach kann man sich richten. Wer einen Weinstock an der Hauswand oder einen Weinberg oder -garten sein eigen nennt, und nicht davon leben muß, mag dann noch einige Tage warten, falls das Wetter trocken und warm ist und ihm die Trauben nicht wegfaulen. Denn die Traube und damit der spätere Wein gewinnt an Aroma, wenn die Früchte ein wenig länger der milden Herbstsonne ausgesetzt waren.

Das gilt vor allem für Weinstockbesitzer, die außerhalb der Weinanbaugebiete beheimatet sind. Je kühler das Klima, desto geschützter muß der Standort der Rebe sein und desto länger sollte der Erntetermin hinausgezögert werden, um einen längeren Reifeprozeß zu ermöglichen.

Man gestatte mir eine kleine Abschweifung. Es ist mir einfach nicht möglich, so prosaisch von der Weinlese zu schreiben, als würde ich Anweisungen zum Schneiden einer Ligusterhecke geben. Die Ernte war zu früheren Zeiten (und das ist noch gar nicht so lange her) ein Vorgang, um den sich auf dem Lande alles drehte; schließlich hing vom guten Ausgang der Lese die eigene Existenz ab. Im Gegensatz aber zur Getreide- oder Kartoffelernte kam die Weinernte einer Art Aufatmen zum Ende des ländlichen Jahres gleich und wurde fast wie ein Volksfest gefeiert. Goethe beschreibt sie mit folgenden Worten: »Nach mancherlei Früchten des Sommers und Herbstes war aber doch zuletzt die Weinlese das Lustigste und am meisten Erwünschte; ja, es ist keine Frage, daß, wie der Wein selbst den Orten und Gegenden, wo er wächst und getrunken wird, einen freiern Charakter gibt, so auch diese Tage der Weinlese, indem sie den Sommer schließen und zugleich den Winter eröffnen, eine unglaubliche Heiterkeit verbreiten. Lust und Jubel erstreckt sich über eine ganze Gegend. Des Tages hört man von allen Ecken und Enden Jauchzen und Schießen, und des Nachts verkünden bald da, bald dort Raketen und Leuchtkugeln, daß man, noch überall wach und munter, diese Feier gern so lange als möglich ausdehnen möchte. Die nachherigen Bemühungen beim Keltern und während der Gärung im Keller gaben uns auch zu Hause eine heitere Beschäftigung, und so kamen wir gewöhnlich in den Winter hinein, ohne es recht gewahr zu werden.« (›Aus meinem Leben, Dichtung und Wahrheit‹).

Schon Wochen vor der eigentlichen Weinlese bereitete man die Keller und Kelterhäuser zur Aufnahme der Ernte vor. Am Dorfbrunnen oder den Pumpstellen in den einzelnen Bauernhöfen standen hölzerne Bütten und nahmen das stetig fließende Wasser auf, damit das Holz quellen konnte. Denn jeder Behälter mußte ganz dicht sein, damit kein Tropfen der kostbaren Flüssigkeit verloren ginge.

Durch die Straßen hallte das Klopfen der Hämmer, mit denen die Küfer schadhafte Fässer und Bütten ausbesserten. Dauben mußten ausgewechselt, Eisenringe zum Spannen der Faßrundungen festgetrieben werden. Alle Eisenteile an Kelter, Traubenmühlen und Ladegeräten wurden mit Kelterlack bestrichen, damit weder Trauben noch Saft mit Metall in Berührung kommen konnten.

Am ersten Tag der Traubenernte fuhren die Wagen unter Glockengeläut hinaus in die Weinberge, voll beladen mit runden oder ovalen Bütten, um die herum Leser und Leserinnen standen oder saßen. Jeder hatte einen Eimer oder einen Korb, Messer oder Scheren bei sich, Männer und kräftige Burschen trugen die eigentümlich geformten Logel, Legel oder Butten genannten Behälter auf dem Rücken, die sechs bis sieben Eimer mit Lesegut aufnehmen konnten. Am Wingert angekommen, wurde jedem Helfer eine Weinbergzeile zugeteilt, die er nun eifrig, Schritt für Schritt aberntete. Dabei redete man und sang und oft stimmte der Weinbergbesitzer selbst die Lieder an; nicht so sehr, weil er um die gute Laune beim Arbeiten fürchtete, sondern weil er dem alten Grundsatz vertraute: wer singt, ißt keine Trauben!

Schon nach wenigen Weinstöcken waren die Behälter gefüllt und die Leser riefen nach dem Logelträger, der die Eimer oder Körbe in seinen Rückenkorb umfüllte. Wenn die Lese zügig voranging, mußte der Logelträger sich sputen und zum Wagen eilen, um die Trauben in die Bütte oder in die darübergelegte Traubenmühle zu kippen; im letzteren Falle hatte er sie auch durchzumahlen. Schon vorgemahlene Trauben nahmen wesentlich weniger Platz weg und die Wagen mußten nicht so oft nach Hause gefahren werden.

Gegen Mittag breitete die Winzerin rot- oder blaugewürfelte Tücher auf einem Rasenstück aus und ›deckte den Tisch‹ mit Brot, Butter, Schmalz, Hausmacherwürsten und ›Handkäs mit Musik‹ (Harzer mit Zwiebeln). Dazu trank man aus Krügen oder Flaschen Lauer- oder Trinkwein (mit Wasser vermischter Wein aus zweiter Pressung) und kalten Kaffee.

Alle Leser lagerten nun am Rande des Weinbergs und verzehrten ihre Mahlzeit mit noch von den Trauben klebrigen Händen. Besonders wir Kinder wurden wiederholt ermahnt, nicht mit dem Brot in der Hand in die Nähe der Traubenbehälter zu kommen, das verderbe den Wein.

Die Essenspause war auch gleichzeitig der Auftritt des Wingertschützen; ein wichtiger Mann, der dafür zu sorgen hatte, daß die Starenschwärme von den Weinbergen fernblieben. Dazu bediente er sich einer alten Vorderladerpistole, die er mit Pulver füllte und zusätzlich mit altem Zeitungspapier ausstopfte. Damit schoß der Weinbergshüter zu unser aller Vergnügen, so daß die Stare aufflogen und mit starkem Flügelschlag in die benachbarten Weingärten flüchteten. Unser Winzer hatte dem Wingertschützen schon die Brotzeit zurechtgelegt nebst einer Flasche (guten!) Weins. Da aber in seinem Gebiet viele Winzer bei der Lese waren und er sich bei jedem des Essens und der Flasche Wein sicher sein konnte, war der gute Hüter an solchen Tagen schon morgens nicht mehr ganz sicher auf den Beinen – was die Stimmung durchaus steigerte.

Die Arbeit ging unter Scherzen und Singen weiter; Rebstock um Rebstock, Zeile um Zeile gaben ihre Früchte preis. Die Bütten füllten sich und wurden ins Kelterhaus gefahren, wo wiederum Leute warteten, um aus den Trauben Saft zu pressen und diesen umgehend in die Gärfässer in den Kellern zu füllen. Daß diese Art der Ernte nicht nur ein technischer Vorgang war (wie er heutzutage ist), sondern fast rituellen Charakter annahm, läßt sich daraus ersehen, daß sich der Wagenführer zum ›Einzug‹ ins Dorf und zur Ankunft beim Keller eine weiße Schürze umband.

Der Leser könnte meinen, das sei die Beschreibung einer pittoresken Szenerie aus dem 19. Jahrhundert; ich kann ihm versichern, daß diese Eindrücke vom Landleben keine dreißig Jahre alt sind. Nur eine Generation trennt uns von den Arbeitsweisen und der Lebensart der Weinbauern des Mittelalters.

- Traubenwein läßt sich nur aus *Weintrauben* herstellen. Tafeltrauben, wie man sie beim Obsthändler kaufen kann, eignen sich schlecht. Beim Auspressen ist ihre Saftausbeute wesentlich geringer und obgleich sie sehr süß schmecken, verfügen sie über einen niedrigeren Zuckergehalt und beinhalten zu wenig Säure.
- Wer in Weinanbaugebieten lebt, bekommt mühelos Weintrauben zur Weinbereitung. Er kann sie entweder selbst zu Saft pressen, oder aber vom Winzer den schon gärfähigen

Most kaufen und diesen im Ballon oder im Faß zu Wein ansetzen. Bewohner klimatisch weniger begünstigter Landstriche sollten eine kleine Reise machen, um sich den Most zu besorgen. (Selbstgemachter) Traubenwein ist durch nichts zu übertreffen!

Kernobst

Neben der Weintraube sind es vor allem Äpfel und Birnen, die sich, allein schon von der Menge her, für die Weinbereitung anbieten.

Wer unter verschiedenen Apfelsorten wählen kann, oder sich im Garten einige Bäume mit guten Mostäpfeln ziehen will, dem seien folgende Sorten empfohlen: Boskop, Rheinischer Bohnapfel, Trierer Weinapfel, Schöner Wieltschier, Kaiser-Wilhelm-Apfel. Grundsätzlich eignen sich späte Sorten besser als die leicht verderblichen Sommeräpfel, da späte Sorten sich durch ein ausgewogeneres Zucker-Säure-Extrakt-Verhältnis auszeichnen.

Äpfel sollten vor dem Keltern nachreifen. Dazu werden sie in einem trockenen Raum einige Zeit angehäuft, damit sie ›schwitzen‹ und sich die im baumreifen Obst vorhandene Stärke in Zucker umwandelt; das verbessert die Qualität des späteren Weins.

- Sortieren Sie stets kranke Früchte aus und achten Sie darauf, auch die Faulstellen auszuschneiden. Hat man so viel Fallobst, daß es eine mehrwöchige Lagerung nicht überstehen könnte, so muß der Saft gesondert abgepreßt und gleich als Saft eingemacht oder zu Wein vergoren werden. Nach der Haupternte kann der frische Jungwein dann mit dem der späten Sorten verschnitten werden.
- Äpfel und Birnen sollten nicht überreifen, da sie sonst an Güte verlieren.

Zur Mostbereitung eignen sich besonders folgende Birnensorten: Weinbirne, Schweizer Wasserbirne, Gelbmöstler, Mostbirnen (Sievenicher, Normannische, die von Angers) und die Wilde Holzbirne.

- Quitten sollten ebenfalls nach der Ernte nachreifen. Aus ihnen lassen sich vorzügliche Dessertweine herstellen; sie können aber auch (zu maximal 20 %) gerbsäurearmen Apfel- und Birnenmosten zugegeben (siehe Seite 125) werden.
- Kernobst wird häufig erst im Spätherbst, zu einer Zeit, in der es zuweilen Nachtfröste gibt, geerntet. Gefrorenes Obst muß nach dem Abtauen eingebracht und sogleich verarbeitet werden. Es läßt sich nicht lagern!

Steinobst, Beerenobst, Wildfrüchte

Diese Obstsorten (Einzelsorten siehe Rezepte!) sollten möglichst vollreif und direkt nach dem Abernten verarbeitet werden. Sie lassen sich nicht lagern und beginnen sehr schnell zu schimmeln und zu faulen.

- Es wird immer wieder empfohlen, das Obst vor dem Verarbeiten zu Wein zu waschen. Dabei lassen sich eigentlich nur die Kernobstsorten ohne Schaden mit Wasser reinigen, nicht aber die empfindlichen Stein- und Beerenobstsorten, vor allem dann, wenn sie schon hochreif sind. Wer Wein aus diesen Früchten herstellt, überführt sie ja dadurch in den Gärzustand, der einem fundamentalen Reinigungsprozeß gleichkommt, bei dem alle Trub- und Schadstoffe mit der Hefe (beim Abziehen) ausgeschieden werden.
  Also: Zur Saftgewinnung sollte das Obst gewaschen werden, nicht aber zur Weinbereitung.
- Die Früchte müssen vorsichtig geerntet werden, wobei darauf zu achten ist, sie möglichst wenig zu verletzen. Sie sollten auf keinen Fall mit Eisen, Zink oder Kupfer in Be-

rührung kommen, weder in den Erntegefäßen noch später in der Mühle und der Kelter. Die Fruchtsäure greift das Metall an, was zu Verfärbungen und Geschmackseinbußen führt. Verwenden Sie deswegen metallfreie Behälter oder überziehen Sie alle metallenen Gerätschaften mit säurebeständigem Lack (Kelterlack).

Wer keinen eigenen Garten hat und/oder wem die Schätze des Nachbargartens nicht zur Verfügung stehen, wird sein Obst zur Weinbereitung kaufen müssen. Gerade für diesen Fall gilt das vorhin Gesagte über die geeignetsten Obstsorten. Die hochgezüchteten Tafeläpfel sind kaum zur Weinbereitung geeignet, da sie eine zu geringe Saftausbeute haben und nur ein Minimum an Zucker- und Säurewerten aufzeigen. Auch läßt ihr Aroma häufig zu wünschen übrig; schon allein deshalb greifen viele Obstfreunde auf die naturnah angebauten Produkte der alten traditionsreichen Obstsorten zurück. Naturnah angebautes Obst oder solches aus anerkannten organisch-biologischen oder biologisch-dynamischen Betrieben, das es in einschlägigen Bioläden, Reformhäusern und bisweilen auch auf dem Wochenmarkt zu kaufen gibt, zeigt seine Qualität nicht durch äußerliche Makellosigkeit, sie ist schmeck- und riechbar.

- Deshalb ist es besser, einen wurmstichigen, aber süßen und brauchbaren Apfel zu kaufen, als einen grün und fad schmeckenden, dafür aber sehr dekorativen Granny Smith!
- Weil die Weinbereitung nicht nur ein schönes Saison-Hobby ist, sondern auch wenig kosten sollte, ist es ratsam, in der Erntezeit die Zeitungsinserate zu studieren. Obstbauern verkaufen ihre Früchte (bei entsprechender Mengenabnahme) oft zu niedrigeren Preisen als auf dem Markt. Häufig ist in den Annoncen zusätzlich vermerkt, wie das Obst gedüngt und ›pflanzengeschützt‹ wurde.

Das Mahlen und Auspressen
der Früchte

Um an den Saft einer Frucht zu gelangen, muß sie zerstört, zermahlen und zerquetscht werden. Dazu bedarf es geeigneter und vor allem stabiler Geräte.

Anfangs zerstampfte ich die Äpfel in einem großen Topf mit einem starken Holzschaft, in dessen Hirnholz (das sollte die Stoß- oder Quetschfläche sein) ein schachbrettartiges Muster geschnitzt war, so entstanden Stollen, die beim Zerstampfen auch noch den dabei entstandenen Fruchtbrei zerwalkten, was bei einer glatten Fläche nicht möglich ist (sie schiebt den Brei nur beiseite). Als einer meiner Freunde überraschend zu einer großen Menge Äpfel kam und ebenfalls kein geeignetes Zerkleinerungsgerät besaß, besann er sich auf die Traubenernte in südlichen Ländern, wo die Beeren noch immer mit bloßen Füßen zertreten werden. Er übertrug diese Methode auf die Apfelmostgewinnung und zerquetschte das massivere Fruchtfleisch, indem er seine Bergstiefel anzog, in einen Holzbottich stieg und mit seinem eigenen Gewicht und einer Art Wassertretens die Äpfel zerkleinerte.

In beiden Fällen war das Obst zwar zu Brei geworden, nicht aber der Saft vom Fruchtfleisch getrennt. Daß dazu in der gewerblichen Saft-Wein-Erzeugung oder selbst beim kleinsten Winzer eine Kelter benutzt wird, war uns bekannt. Wie aber soll dieser Vorgang bewältigt werden, wenn man weder eine derartige Maschine besitzt, noch daran denkt, sie zu kaufen?

Wir halfen uns, indem wir den Fruchtbrei in ein ausreichend

großes Tuch schütteten, das an den vier Beinen eines umgekehrt hingestellten Hockers befestigt war. Ein Teil des Saftes lief in den nächsten Stunden ab, den Rest wrangen wir aus. Da jedoch die Muskelkraft der Dreh- und Drückbewegung nicht effizient ist, ließ auch das Ergebnis zu wünschen übrig: Die Saftausbeute ist nicht sehr hoch; ein Kilo Äpfel gibt auf diese Weise etwa 200 Gramm Flüssigkeit frei. Dennoch füllten wir mit dieser Methode ein 200-Liter-Faß. Anschließend war meinem Freund und mir klar: Bodybuilding ist bei diesem Hobby überflüssig!

Nun muß ich gestehen, daß die anfangs beschriebene Art der Saftgewinnung schon ein wenig exotisch anmutet. In einem normalen Haushalt stellt sich die Frage nach zwei Kriterien. Erstens: Welche Obstsorten sollten versaftet werden, und zweitens: Wie groß wird die Obstmenge sein?

Alles Obst, das in kleineren Mengen geerntet oder gekauft wird, kann auf folgende Arten entsaftet werden:

Dampfentsaften

Die einfachste Methode, um Saft aus Obst zu gewinnen, ist diese: In einen großen Topf, dessen Boden etwa fingerhoch mit Wasser bedeckt ist, wird auf zwei kleinen Holzleisten ein kleinerer Topf hineingestellt. Dann spannt man über den Rand des großen Topfes ein Tuch aus Leinen oder Baumwolle, auf das die zu entsaftenden Früchte gelegt werden. Anschließend wird der große Topf mit dem dazugehörigen Deckel verschlossen. Sodann bindet man die überstehenden Enden des Tuches oben über dem Deckel zusammen. Der Topf wird erhitzt – je nach Obstart 30–60 Minuten –, und durch den entstehenden Dampf bersten die einzelnen Fruchtzellen. Die Flüssigkeit fließt nun durch das Tuch in den kleineren Topf ab.

Ein Dampfentsafter funktioniert auf die gleiche Weise. Er ist nicht sehr teuer; wer also daran denkt, häufiger zu entsaften, sollte sich einen Dampfentsafter zulegen.

Eines aber ist bei dieser ›heißen‹ Entsaftungsmethode nicht zu verhindern: Der Saft erhält durch die Einwirkung von Hitze einen eigentümlichen ›Kochgeschmack‹ − Apfelsaft schmeckt dann etwa wie Apfelmus! − Zusätzlich gehen wertvolle Vitamine verloren, und der Niederschlag des Kondenswassers verdünnt den Saft. So praktisch das Dampfentsaften ist, zur Weinbereitung kann ich es nicht empfehlen. Beim Dampfentsaften werden die natürlich vorhandenen Keime zum größten Teil abgetötet; die Gärung setzt nur schleppend ein, dadurch gärt der Saft langsamer und bildet weniger Alkohol, als würde er auf kaltem Wege gewonnen.

Wen die Geschmacksveränderung nicht stört und wer nur Obstsäfte konservieren möchte, mag dampfentsaften. Dazu noch folgende Ratschläge:

Eine größere Saftausbeute erreicht man durch die Zugabe von Zucker. Dazu werden die Früchte, je nach Süßigkeitsgrad, mit Zucker bestreut und einige Stunden ruhig gestellt. Obst mit wenig eigenem Zucker, beziehungsweise mit viel Säure, wird stärker gesüßt; Johannisbeeren z. B. mit bis zu 75 g Zucker pro Pfund Obstgewicht, Heidelbeeren mit 50 g, Äpfel mit 25 g und Erdbeeren mit 15 g. Der Zuckerzusatz ist natürlich vom Verwendungszweck abhängig. Um Saft herzustellen, der später pur getrunken werden soll, sollte man sparsam zuckern, bei der Bereitung von Sirup (der uns hier nicht weiter beschäftigen soll) rechnet man mit der zehnfachen Menge. Genauere Angaben zum Wasser- und Zuckerzusatz werden im Rezeptteil gegeben. Die Zuckerung eines Saftes zur Weinbereitung muß präzise erfolgen. Dazu mißt man den Zuckeranteil des Saftes und stellt den Most auf das richtige ›Mostgewicht‹ ein. Näheres dazu siehe ›Bestimmung des Mostgewichtes‹ Seite 54.

Der durch Dampfentsaften gewonnene Saft wird ohne weitere Behandlung heiß in Flaschen abgefüllt. Diese müssen allerdings vorher möglichst heiß gespült und mit heißem Wasser ausgeschwenkt worden sein. Dabei ist auf peinlichste Sauberkeit zu achten. Benutzen Sie nach Möglichkeit nur neue Spültücher und Spülbürsten. Wenn man das alles beachtet, braucht der Saft nicht zusätzlich sterilisiert zu werden.

Besonders aromatisch werden diese Säfte, wenn in den Dampfentsafter anstelle des Wassers etwas Wein eingefüllt wird, bei hellfarbigen Früchten Weißwein, bei starkfarbigen Rotwein.

Flaschen, die mit Gummikappen verschlossen werden sollen, können randvoll gefüllt werden, solche mit Naturkorken beanspruchen etwa zwei Fingerbreit Raum im Flaschenhals über dem Flüssigkeitsspiegel.

Entsaften auf kaltem Wege

Da sich dieses Buch vor allem mit der Saftgewinnung zur Weinbereitung beschäftigen will, ist die kalte Methode des Entsaftens zu empfehlen. Es gibt hier mehrere Möglichkeiten, die sich je nach der Menge des vorhandenen Obstes richten.

Fleischwolf mit Preßvorsatz

Einen Fleischwolf gibt es sicherlich in jedem Haushalt.

Dazu besorgt man sich im Fachgeschäft einen passenden Preßvorsatz (die Größenangabe ist immer am Einfülltrichter markiert). Alle Beerenfrüchte lassen sich mit diesem Gerät hervorragend entsaften. Denn die Schnecke des Wolfes treibt die Früchte über das Ablaufsieb des Vorsatzes, wo eine Schraube den entstandenen Brei daran hindert, auszutreten; nur die Flüssigkeit läuft ab, und der nahezu trockene Rest wird durch eine winzige Öffnung, die durch die nicht ganz festgedrehte Schraube entsteht, hinausgepreßt. Die Größe des Fleischwolfes bestimmt aber auch die Grenzen der Preßmenge. Natürlich kann man mit dieser Methode auch einen Zentner Obst abpressen, jedoch stehen Mühe und Kraftaufwand dann in keiner günstigen Relation mehr zu dem Ergebnis. Bei mehr als einigen Kilo Früchten empfiehlt sich daher ein

Elektrischer Entsafter

Der ist zwar in der Anschaffung kostspieliger, gleichzeitig aber in seiner Leistung sehr effektiv und vor allem praktisch zu handhaben. Gleichzeitig sollte man bei diesem Gerät jedoch eine höhere Stromrechnung mit einkalkulieren: Energie kostet ihren Preis! Ich will mich mit der Beschreibung dieses Gerätes nicht länger aufhalten, die dem Entsafter beiliegende Ge-

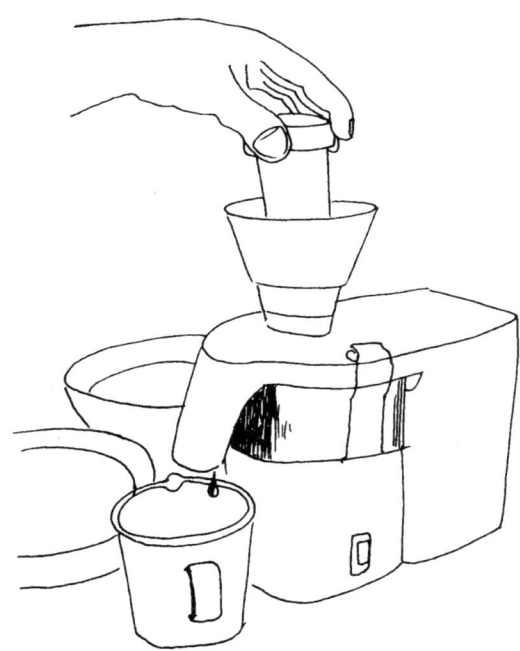

brauchsanweisung sagt alles Wichtige. Nur noch eines: Weder der Fleischwolf noch der elektrische Entsafter eignen sich für alle Obstsorten. Gerade das Obst, das in Fülle vorhanden ist, wie z. B. Äpfel und Birnen, läßt sich nur schlecht mit diesen Geräten entsaften. Die Siebe verstopfen schnell durch den feinen Fruchtbrei und lassen kaum noch Flüssigkeit durch; das Gerät muß nach wenigen Arbeitsgängen wieder gereinigt werden. Trauben, Äpfel und Birnen werden am besten mit Mühle und Kelter entsaftet. Nur diese Geräte ermöglichen es, in kurzer Zeit große Mengen zu verarbeiten und bei hohem Preßdruck eine optimale Ausbeute zu erreichen.

Für den kleinen Haushalt, bzw. für den Hobbywinzer, der nur Mengen von fünf bis zehn Liter Saft oder Wein ansetzen will, ist die Anschaffung dieser (halb-)professionellen Geräte – selbst in kleineren Ausmessungen – nicht sinnvoll. Erst ab einem gewissen ›Durchsatz‹ (etwa ab 50–100 Liter) lohnt sich der Kauf. Wenn Sie allerdings daran denken, sich für ein ganzes Jahr mit Saft und Wein aus dem eigenen Keller zu versorgen, lohnt sich die Investition. (Mühle ab DM 150,–, Kelter ab DM 300,–.)

Obst–Traubenmühle, Obstpresse, Obstkelter

Das Schwierigste bei der Planung zum Kauf einer Mühle und einer Kelter ist die Überlegung, für welches Mahl- und Preßsystem man sich entscheidet. Denn die Mühle zum Mahlen von Beerenobst ist völlig anders konstruiert als die für das Kernobst. Während das erstere zu Brei zerquetscht wird, sollten Äpfel und Birnen dagegen mehr körnig, also wesentlich grober, zermahlen werden.

Je feiner die Früchte zermahlen werden, um so größer muß der Druck der Presse sein, damit sich der Saft von dem Fruchtfleisch trennt. In der auf Seite 41 gezeigten Mühle können zum Beispiel keine Äpfel zermahlen werden, da die beiden ge-

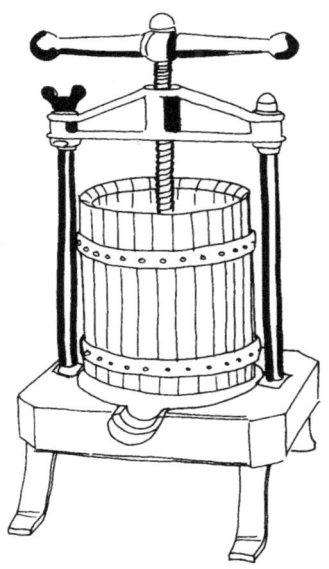

geneinander laufenden Walzen mit Noppen versehen sind, die zwar Johannisbeeren zerquetschen, größere Früchte jedoch nicht erfassen können.

Äpfel und Birnen können am besten mit geriffelten Walzen zerkleinert werden, wobei darauf zu achten ist, daß diese Walzen mit scharfen Kanten und längeren Metallstacheln ausgerüstet sind, die das Mahlgut gegeneinanderlaufend erfassen und schon vor dem eigentlichen Mahlen zerquetschen. Zumeist wird man sich für die Mühle entscheiden, in der alle Früchte zermahlen werden können oder zumindest das Obst, das in jedem Jahr in größeren Mengen anfällt.

Achten Sie beim Kauf einer Mühle unbedingt darauf, daß die metallenen Teile des Gerätes mit einem säurefesten, geruch- und geschmacklosen, ›lebensmittelechten‹ Lack (Kelterlack) überzogen sind. Auch später sollten Sie stets daran denken, abgesplitterten oder –geriebenen Lack zu erneuern; denn die Säure des Obstes greift das Metall an und schadet der Qualität des Saftes und des Weins.

Die Mühle wird entweder auf einen Bottich gesetzt, der das Mahlgut auffängt oder, wenn Mühle und Presse eine Einheit bilden, auf den Preßkorb einer Spindelkelter aufgesetzt. Bei dem zuletzt genannten System fällt das zermahlene Obst direkt in den Preßkorb und muß nicht erst vom Bottich zur Kelter transportiert werden. Auf Seite 43 ist eine praktische Kombination von Mühle und Kelter (siehe Bezugsquellen) abgebildet. Dieses Gerät ist so konstruiert, daß sich die Spindel, die das Mahlgut im Korb zusammenpreßt, nach hinten abkippen läßt, damit die Mühle auf den Korb gesetzt werden kann. Sobald der mit einem Preßsack ausgelegte Korb mit den zerkleinerten Früchten gefüllt ist, wird die Mühle entfernt und das Spindelgestell in die Senkrechte gekippt und arretiert. Nun kann gepreßt werden.

Es ist ratsam, zwischen die gußeiserne Spindelplatte und den mit Fruchtmaische gefüllten Sack noch einige Hölzer zu legen, um den Druck gleichmäßig zu verteilen und um den entstehenden ›Preßkuchen‹ (der wirklich wie ein schöner Obstkuchen aussieht!) möglichst trockenzupressen. Dazu schlägt man die Enden des Preßsacks übereinander, drückt mit der Hand die Oberfläche des Mahlguts flach und legt darauf die Bretter, die genau in die Rundung des Preßkorbs passen.

Diese Bretter – bei kleinen Keltern sind es meist zwei Halbkreise, bei größeren bestehen sie aus mehreren Segmenten – müssen waagerecht auf dem Sack liegen. Sie werden nun mit Holzklötzen bedeckt – in den Weinanbaugebieten Leghölzer genannt –, darauf werden zwei weitere Hölzer quer gelegt, die

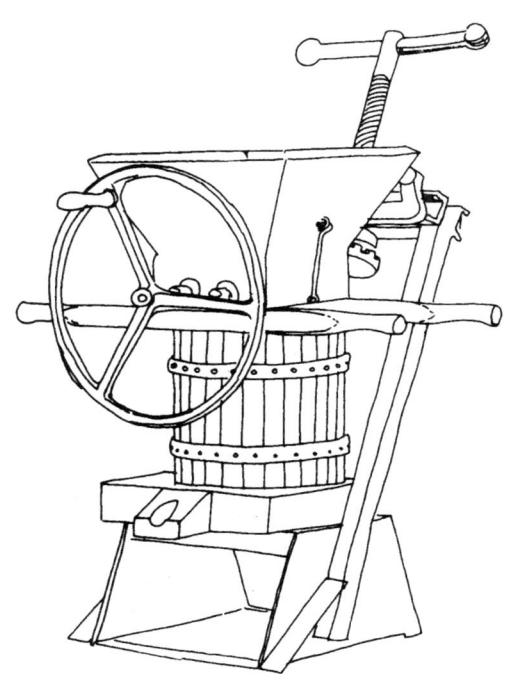

›großen Lauben‹, die zusätzlich noch mit zwei kleineren Brettern, den ›kleinen Lauben‹, befestigt werden können. Größere Geräte sind oft noch mit einem Brett ausgestattet, der ›Sau‹, in das die Spindelplatte beim Herunterwendeln exakt hineinpaßt. Bei den kleineren Keltern, wie auf Seite 43 gezeigt, fehlt letzteres. In diesem Fall drückt die Spindel unmittelbar auf die oberen zwei Hölzer. Die folgende Zeichnung veranschaulicht die Art und Weise des Holzaufbaus.

Sobald der Griff der Spindel nach rechts gedreht wird, senkt sich die Spindel und drückt dabei die Hölzer auf den Preßsack; der Fruchtsaft tritt aus und läuft durch die Fugen der einzelnen Korbleisten ab.

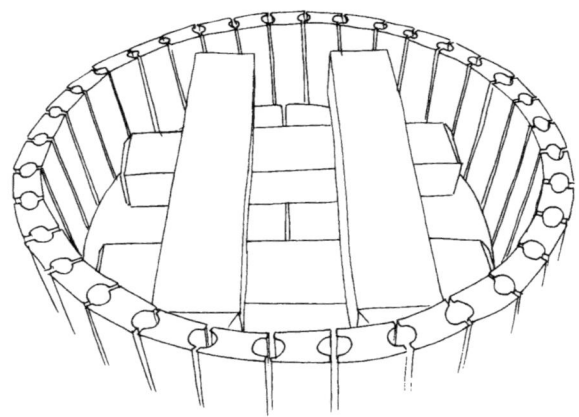

Zu Beginn des Preßvorgangs fließt der Saft sehr stark; aus dem Grunde sind die Leisten jeweils halbrund eingekehlt; dadurch entsteht eine Art Röhre, die die Flüssigkeit nach unten ablaufen läßt. Der Saft sammelt sich zunächst auf dem vertieften Holz oder in der Holzschale, (dem ›Preßbiet‹), auf der der Korb steht, und läuft nach vorne zum Abfluß. Dann wird er in einem Eimer aufgefangen, den man ins Faß oder in den Gärbehälter leert. Bei der Saftzubereitung wird die Flüssigkeit grob gefiltert und direkt zum Sterilisieren in bereitgestellte Saftflaschen gefüllt.

Wenn sich der Griff der Spindel nicht mehr drehen läßt, bedient man den Hebelarm, der die Spindel Zahnrad um Zahnrad weiterdreht, bis die Körperkraft nicht mehr ausreicht, um den Preßdruck zu erhöhen. Wichtig ist, nicht gleichmäßig zu hebeln, sondern immer erst dann, wenn kein Saft mehr ausläuft. Nur so kann sich der Preßdruck gleichmäßig steigern.

Grundsätzlich sollte man den Preßkorb nie mehr als bis zur Hälfte füllen. So ist die Saftausbeute höher: denn bei einer größeren Maischemenge würde der Druck der Presse nicht ausreichen und man müßte zweimal pressen. Eine zweite Pressung lohnt sich nur dann, wenn man die Maische erneut mit etwas Wasser ansetzt. Das ist vor allem bei Beerensorten mit hohem Säuregehalt angebracht.

Aber davon später. Nach dem Preßvorgang wird die Spindel wieder hochgedreht, die Hölzer und der Sack entfernt. Der Fruchtbrei sollte sich nun wie ein ausgedrückter Schwamm anfühlen und einen ›Kuchen‹ bilden, aus dem man einzelne Stücke herausbrechen kann. Nur dann war der Preßdruck hoch genug.

Die Wirkung einer Presse läßt sich grob messen, indem das Obstgewicht bestimmt wird und in Relation zu dem daraus gepreßten Saft gebracht wird. So ergeben zehn Pfund Äpfel bei guter Pressung drei bis vier Liter Saft, zehn Pfund Johannisbeeren bis zu drei Liter, Zwetschgen höchstens drei Liter.

Weintrauben bringen etwas mehr auf die Waage: bei fünf Kilo Trauben rechnet man mit ca. vier Liter Flüssigkeit. Die Saftausbeute ist nicht in jedem Jahr gleich, spricht man doch von ›saftreichen‹ und ›saftarmen‹ Ernten, aber in etwa mag man sich an die genannten Werte oder an eigene Erfahrungsmengen halten.

Sobald die Früchte ausgepreßt und der Saft in einen Eimer oder Bottich (der keinerlei blanke Metallteile haben darf!) abgegossen wurde, beginnt der nächste Schritt. Sollen größere Saftmengen zu Wein weiterverarbeitet werden, so ist es angebracht, die Gärbehälter ganz zu füllen. Das ist aber nur möglich, wenn der zermahlene Fruchtbrei, die Maische, sofort abgepreßt wird. Bei den meisten Obstsorten ist die zügige Abpressung ohnehin ein Muß, weil nur so die Frische und die helle Farbe des Saftes erhalten bleibt. Steht der Saft länger offen, so verändert er seine Farbe, wird dunkler (er oxidiert) und kann sogar im schlimmsten Fall essigstichig werden. Einen derart verdorbenen Fruchtsaft kann man nicht weiterverwenden und die ganze Mühe der Ernte und des Mahlens würde umsonst gewesen sein.

Wer Fruchtsäfte einmachen will, sollte deshalb auf jeden Fall in einem Zuge mahlen und pressen. Nur wer den Saft zu Wein weiterverarbeiten will, darf sich einige Abweichungen erlauben, die die Qualität und vor allem den Farbton gewisser Fruchtsorten steigern. Darauf jedoch komme ich im Kapitel der Weinbereitung ausführlicher zurück. Das Kapitel Saftgewinnung sollte aber nicht ohne einige Vorschläge und Zubereitungstips abgeschlossen werden. Bei allen folgenden Rezepten ist darauf zu achten, daß der auf kaltem Wege gewonnene Saft sterilisiert werden muß, wenn er länger lagern soll.

Dazu werden die Saftflaschen und deren Verschlüsse gründlich gespült und mit kochendem Wasser ausgewaschen. Dabei muß vorsichtig vorgegangen werden, damit das Glas nicht durch die plötzliche Hitzeeinwirkung platzt.

Die gefüllten Flaschen werden auf den Einsatz eines Einwecktopfes gestellt und bei 80° C zwanzig, oder bei 75° C dreißig Minuten lang sterilisiert.

Die Temperatur sollte nicht höher sein, weil der Saft sonst einen (für manche Gaumen unangenehmen) Kochgeschmack annimmt. Anschließend werden die Flaschenverschlüsse auf

Dichtigkeit geprüft, Korkverschlüsse zusätzlich mit flüssigem Paraffin (oder Bienenwachs) versiegelt und der Saft aufrecht stehend an einem kühlen Ort gelagert.

Fruchtsäfte werden schwach gezuckert, solche, die Sie zur Sirup- oder Likörbereitung verwenden wollen, sollten stark gesüßt sein.

Apfel-, Birnen- und Traubensaft

Säfte aus diesen Früchten werden gewöhnlich nicht gezuckert, sie werden sozusagen naturrein sterilisiert. Nur in schlechten Wein- und Obstjahren kann etwas Zucker zugegeben werden. Dazu löst man geringe Zuckermengen direkt im Fruchtsaft – und nur wenn der Saft sehr sauer ist, in Wasser – auf und vermischt sie mit der Flüssigkeit. Gewöhnlich verläßt man sich dabei auf den eigenen Geschmack (etwa pro Liter 5–10 Gramm Zucker), bis der Saft harmonisch schmeckt oder man bestimmt den Zuckergehalt und die Säure, wie gleich beschrieben wird.

Himbeersaft

Himbeeren haben relativ wenig Säure, sie werden daher meist mit roten Johannisbeeren (die sehr säurehaltig sind) vermischt. Will man reinen Himbeersaft haben, so gibt man Weinsteinsäure hinzu: auf einen Liter Saft 0,6 l (= 600 g) Wasser, in dem vorher 15 g Weinsteinsäure aufgelöst wurden; dazu Zucker und zur Geschmacksveredelung ¼ Liter Rotwein. Je mehr man den Saft zuckert, um so sirupähnlicher wird er und muß zum Trinken wieder rückverdünnt werden.

Ist ein Saft sehr zuckerhaltig (also etwa auf einen Liter mehr als ein Pfund Zucker), so braucht er nicht zusätzlich sterilisiert zu werden. Kühl oder kalt gestellt, ist er auch so für einige Zeit haltbar. Wollen Sie ihn jedoch länger lagern, so ist es besser, ihn zu sterilisieren.

Johannisbeersaft

Der Saft wird durch ein Tuch gefiltert, gezuckert (ca. ein Pfund Zucker auf einen Liter) und mit $^1/_4$ Liter Rotwein ›angereichert‹, in Flaschen gefüllt und sterilisiert. Der Rotwein läßt sich auch durch Rum oder einen neutralen klaren Schnaps ersetzen (zwei bis vier Schnapsgläschen pro Liter).

Kirschsaft

Kirschsaft wird nach Geschmack gezuckert. Dazu gibt man je Liter $^1/_4$ Liter guten Rotwein, 4 g Zimt und 4 g Nelken. Acht Tage später wird die Flüssigkeit gefiltert und in Flaschen sterilisiert. Eine Aromasteigerung ist durch Zugabe von einigen zerstoßenen Kirschkernen möglich, nehmen Sie aber nicht zuviel davon, da sie giftige Blausäure enthalten (Bittermandelgeschmack!).

Holundersaft

Der abgepreßte Saft wird gezuckert (auf einen Liter 200 g) und sterilisiert. Der Preßrückstand kann zu Fruchtmark verarbeitet werden. Holunder ist außerordentlich stabil; er geht nur schwer in Gärung über und muß außerdem erhitzt werden, damit das in ihm enthaltene Sambunigrin seine (die Magenschleimhäute angreifende) Säure verliert.

Im Grunde gleichen sich all diese Rezepte. Abwechslung erreicht man durch das Mischen der Früchte, etwa Äpfel mit Brombeeren, Erdbeeren mit Rharbarber, Schlehen mit Birnen oder Johannisbeeren mit Himbeeren. Durch Zugabe bestimmter Gewürze kann die Geschmackspalette noch erheblich verbreitert werden.

Hier ein paar Vorschläge:

Das Fruchtaroma der Säfte kann gesteigert werden, indem

die Flüssigkeit mit Likören oder Schnäpsen aus den gleichen Obstsorten angereichert wird; also zu Birnen Birnengeist, zu Mirabellen Mirabellenschnaps, beziehungsweise Mirabellen – (Marillen-)Likör, zu Äpfeln Calvados. Andere, aber nicht weniger ›geschmackvolle‹ Akzente setzen Beigaben verschiedener hochprozentiger Alkoholika, wie etwa Rum, Whisky, Cognac oder Armagnac, auch Wacholder, Gin oder Wodka. Vergessen Sie aber nicht, daß der Alkohol nur als Gewürz dienen soll und den Fruchtsaft nicht zu einer Art Likör ›verfeinern‹ darf.

Die Zugabe von Wein, je nach Fruchtsaftfarbe weißer, roter oder Rosé (Weißherbst) verstärkt das Aroma des Saftes. Auch hier muß man die jeweilige Menge ›erschmecken‹.

Gewürze werden dem Saft entweder vor dem Auspressen zugegeben oder nach Einwirkung des jeweiligen Gewürzes wieder herausgefiltert.

Allen Früchten, die über wenig eigene Säure verfügen, sollte Zitrone beigegeben werden; (siehe Seite 66); ansonsten gibt es keine allgemeinen Regeln. Probieren Sie selbst die verschiedenen Zutaten aus. Es harmonieren:

- Orangeat zu Eberesche
- Zitronat zu Melone
- Vanille zu Stachelbeere
- Anis und Fenchel zu Zwetschge
- Nelken und Zimt zu Kirsche
- Ingwer zu Melone
- Koriander zu Birne und Quitte
- Wacholder oder Kümmel zu Apfel
- Muskat zu Orange

Wie beim Kochen und Backen sollten Sie auch hier daran denken: Lieber zuwenig als zuviel, denn ein zart schmeckender Fruchtsaft ist schnell überwürzt.

Zur Saftbereitung werden folgende Dinge benötigt:

Flaschen oder Twist-off-Gläser (z. B. Apfelmus- oder Ketchup-Flaschen)

Gummikappen und/oder Korken

Geräte zum Zerkleinern der Früchte:

Fleischwolf mit Preßvorsatz oder

elektrischer Entsafter oder

Obstpresse, -mühle, -kelter

oder für die ›Einfach‹-Methode ein Nesseltuch und ein Hocker

Einkochtopf zum Sterilisieren

Trichter (aus Emaille, Aluminium oder Plastik) zum Einfüllen

Meßbecher, Schöpflöffel, Kochlöffel, saubere Tücher, Küchenwaage, Abfüllschlauch, Zucker, Paraffin oder Bienenwachs, flüssig

Die Behandlung der Maische zur Weinbereitung

Bisher hatten wir das Obst und den daraus gewonnenen Saft als Endprodukt betrachtet. Der fertige Saft, in Flaschen gefüllt und sterilisiert, kann nun verbraucht oder gelagert werden. Da sich dieses Buch aber nicht nur mit der Herstellung von Fruchtsäften befaßt, sollen nun die Arbeitsgänge zur Weinbereitung aufgezeigt werden.

Dazu müssen wir noch einmal ein wenig zurückgehen und wieder dort beginnen, wo die Früchte zermahlen werden. Bei der Weinbereitung wird der zermahlene Fruchtbrei vor dem Auspressen zum Teil anders behandelt als bei der Herstellung von Säften.

Normalerweise werden alle hellfarbigen Früchte, also weiße

Weintrauben, Äpfel und Birnen, um nur die wichtigsten zu nennen, sofort im Anschluß ans Mahlen gepreßt oder gekeltert. Damit bewahrt man nicht nur Farbe und Frische, sondern beugt auch Krankheiten vor, die die an der offenen Luft stehende Maische sehr schnell befallen könnten. Dunkelfarbige Früchte dagegen wollen anders behandelt sein, damit aus ihnen ein starkfarbiger Wein hergestellt werden kann. Da ist zunächst einmal der Wein aus roten Trauben zu nennen, sowie Erdbeeren, Himbeeren, Brombeeren, rote Stachelbeeren, Heidelbeeren und Hagebutten. Sobald diese Früchte zu Maische zermahlen sind, sollten sie einige Zeit stehengelassen werden, damit der in den Fruchthäuten enthaltene Farbstoff ausgelaugt wird.

Dazu genügen oft zwei Tage. Um Fehlern und Krankheiten vorzubeugen, sollte das Maischegefäß während dieser Zeit gut abgedeckt und an einen kühlen Ort gestellt werden; so bleibt es vor der Essigfliege, die die gefährlichen Essigbakterien einschleppt, geschützt.

Der Gärprozeß eines Saftes oder einer Maische setzt nach etwa 24–36 Stunden ein.

Soll die Maische noch vor Beginn der Gärung abgepreßt werden, wie zum Beispiel bei Stachelbeeren und Johannisbeeren, so muß noch eines bedacht werden: von der Geleebereitung her weiß man, welche Obstsorten leicht und welche Sorten schwer gelieren. Da Johannisbeeren ausreichend Pektine enthalten (die für das Gelieren verantwortlich sind), läßt sich die Maische aus dieser Frucht nur schwer abpressen. Aus dem Grunde gibt man dem Fruchtbrei ein Enzympräparat zu, das ihn in einigen Stunden so weit verflüssigt, daß er gut abgepreßt werden kann. Das Antigeliermittel gibt es in jeder Drogerie (s. unter Bezugsquellen) zu kaufen. Ein weiterer Vorteil des Antigels ist der, daß sich der spätere Wein leichter klärt.

Vor der eigentlichen Weinbereitung ist es unbedingt notwendig, den aus dem Obst gewonnenen Saft gründlich zu analysieren.

Begutachtung und Analyse des Fruchtsaftes

Wir bereiten uns nun darauf vor, aus dem Fruchtsaft Wein herzustellen. Die Früchte sind gemahlen und ihr Saft wurde aus der Kelter in einem Gefäß gesammelt. Ob das nun ein Eimer oder gleich das Gärfaß ist, spielt im Moment keine Rolle; nur auf eines sollten Sie unbedingt achten: bis zur weiteren Behandlung muß der Behälter abgedeckt werden.

Als nächstes wird die Beschaffenheit und die Qualität des Fruchtsaftes bestimmt. Denn schon jetzt werden die Weichen für die Qualität des späteren Weins gestellt. Nicht jeder Saft aus Trauben und Obst wird von selbst zu gutem Wein. Je nach Fruchtart, Reifegrad und Jahrgang können sich die Inhaltsstoffe verändern. Nach einem schönen Sommer ist der Saft süß; bei zuviel Sonneneinstrahlung besteht aber auch die Gefahr, daß es an Säure fehlt. War aber das Wetter während des Wachstums schlecht, so ist Säure im Übermaß vorhanden, wodurch naturgemäß das Aroma beeinträchtigt wird und der Saft – roh und unbehandelt – ungenießbar ist. Das Süße und das Saure im Saft müssen sich geschmacklich die Waage halten, wenn uns der Wein munden soll. Außerdem verleihen Säure und Gerbstoffe dem Wein Frische und Haltbarkeit und machen ihn resistent gegen Krankheiten und Fehler.

Saure Äpfel haben zum Beispiel zuviel Säure und zuwenig Zucker und geben deshalb, nicht verbessert, ein saures, alkoholarmes Getränk ab, das weder gut schmeckt noch sich gut lagern läßt. Süße Äpfel dagegen enthalten wenig Säure und

wenig Gerbstoffe – das Getränk wird zwangsläufig fade und ge-
schmacklos, wenn man es nicht verändert.

Herbe Birnen beinhalten viel Gerbstoffe, aber wenig
Zucker. Der Saft gärt schnell, bildet aber nur wenig Alkohol.
Er wird sich nach Abklingen der Gärung zwar rasch klären,
aber bitter schmecken und sich kaum lagern lassen. Das sind
Probleme, die uns der *Wein* bereiten kann, wenn wir es versäu-
men, den *Saft* zu analysieren und notfalls zu verbessern. Wenn
ich hier von Analyse spreche, so denke ich dabei nicht an die
Tätigkeit eines Biochemikers, der mit einer Unmenge von Ap-
paraturen und viel Sachverstand den Most durchleuchtet. Wir
benötigen zur Begutachtung des Saftes nur wenig Hilfsmittel
und sollten uns auch ein wenig auf unseren Geschmack, den
Geruchssinn und unsere Augen verlassen. Die folgende Analyse läßt zunächst außer acht, von welcher Frucht der Most
stammt. Erst bei der Bereitung von Wein gibt es unterschiedliche Behandlungs- und Verbesserungsmethoden.

Die Bestimmung des Mostgewichtes

Man könnte es auch die ›Bestimmung des Zuckergehalts‹ eines
Fruchtsaftes nennen, aber das Wort ›Mostgewicht‹ deutet auf
die Meßmethode hin; tatsächlich wird der Most ›gewogen‹.

Bevor ich näher auf die selbstgemachte Analyse eingehe, ei-
niges Grundsätzliches vorweg: Der Saft, der in einem durch-
sichtigen Behälter vor uns steht, ist, je nach Frucht- oder Obstsorte, zu 80–90, ja bis zu 95 % Wasser.

Der Rest setzt sich aus Zucker, den Fruchtsäften, Gerbstof-
fen, Pektin, Eiweiß, Aroma-, Mineral- und Farbstoffen zusammen. Diese fallen in ihrer Zusammensetzung je nach Jahrgang,
Anbaugebiet, Klima, Reifegrad und Behandlung unterschiedlich aus. Zu den wichtigsten Bestandteilen des Gesamtextraktes
gehören neben dem Zucker die Säuren, deren Anteil ebenfalls

von Fruchtsorte zu Fruchtsorte variiert. So hat die Weintraube einen mittleren Zuckergehalt von knapp 20 % und einen Säureanteil von durchschnittlich 1 %, der Säuregehalt des Apfels liegt ebenfalls bei einem Prozent, nicht aber sein Zuckerwert, der durchschnittlich 7 % erreicht. Extrem säurereiche Früchte sind Preiselbeeren mit einem Säureanteil von mehr als 2 Prozent; sie bringen aber nur 1,5 % Zucker auf die Waage, während Birnen zwar nur 0,3 % Säure beinhalten, aber immerhin mehr als 8 % Zucker aufweisen.

Das sind Werte, mit denen wir bei der Weinbereitung rechnen müssen, aber nur der mengenmäßig kleinste Bestandteil eines Fruchtsaftes, der sogenannte zuckerfreie Extrakt, macht das aus, was wir später am fertigen Wein als ›Blume‹, ›Bukett‹, ›Feuer‹, ›Rasse‹ und so weiter bezeichnen. Er ist in unserem Rahmen nicht analysierbar, wohl aber schmeck- und riechbar, kann also zumindest beurteilt werden.

Neben dem Wasseranteil ist auch der des Zuckers bei der Analyse des Fruchtsaftes von besonderem Interesse, weil er während des Gärprozesses die Hauptrolle spielt. Obgleich es sich im Fruchtsaft um unterschiedliche Frucht- und Traubenzuckerarten handelt, rechnet man mit dem sogenannten Gesamtzucker, der folgendermaßen bemessen wird:

Dazu bedienen wir uns eines Meßgerätes, das von dem Apotheker Öchsle im letzten Jahrhundert erfunden wurde und in jeder Drogerie erhältlich ist (siehe Bezugsquellen). Es ist leicht zu handhaben, die Daten sind unschwer abzulesen und es arbeitet nach folgendem Prinzip:

Das spezifische Gewicht von 1 Liter Wasser, nämlich 1000 Gramm, ist als feste Größe anerkannt. Herr Öchsle nun stellte beim Wiegen des Traubensaftes fest, daß dieser je nach Jahrgang, Reifegrad, Anbaugebiet und Klima schwerer wurde und zwar durchschnittlich 1060–1080 Gramm. Daraus folgerte er, daß das Mehrgewicht, also die 60–80 Gramm pro Liter, das Gewicht des Gesamtextraktes (hauptsächlich Zucker) sein müsse. Die von ihm konstruierte Mostwaage zeigt dieses Mehrgewicht an.

Das Meßgerät ist im Grunde genommen nichts anderes als ein mit Blei oder Quecksilber beschwerter Glaskörper, der nach oben in ein zylindrisches Glasrohr mit Skala ausläuft. Je kleiner das spezifische Gewicht der Flüssigkeit, um so tiefer sinkt er ein. Taucht man die Mostwaage in den vom spezifischen Gewicht schwereren Fruchtsaft, so ist an der Skala das Mehrgewicht abzulesen. Die ›Öchsle-Grad-Einteilung‹ geht von 0–130 Gramm (siehe Abbildung Seite 57).

Hat 1 l Fruchtsaft also in Relation zu dem 1000 g wiegenden Wasser das Mehrgewicht von 55 g, so sinkt die Mostwaage – auch Aräometer, Spindel oder Senkwaage genannt – nur bis zur Markierung ›55‹ ein.

Zur Messung sollten Sie sich einen gläsernen Standzylinder mit einem Fassungsvermögen von 250 ccm besorgen, diesen mit dem Fruchtsaft füllen und anschließend die Mostwaage eintauchen. Sie muß frei darin schwimmen und darf weder die Glaswand, noch den Boden berühren. Das Gewicht des Saftes läßt sich nur dann genau ablesen, wenn die Flüssigkeit vorher gefiltert wurde, also keine größeren Trubteilchen (Traubenkerne, -schalen, Fruchtfleisch und so weiter) mehr enthält. Achten Sie darauf, daß alle Fruchtblasen entweichen. Das Mostgewicht kann nur von frischem Saft ermittelt werden, da angegorener bereits Zucker umgewandelt hat.

Zur genauen Messung müssen sowohl Glaszylinder als auch Spindel absolut fettfrei und sauber sein, da die Werte sonst verfälscht werden (also nach Gebrauch stets gründlich reinigen).

Erst einige Minuten nach dem Eintauchen des Zylinders in die Flüssigkeit kann der exakte Wert abgelesen werden, da die Waage erst die Temperatur des Saftes annehmen muß. Das Mostgewicht wird entweder durch die Flüssigkeit hindurch von *unten* oder *oben* abgelesen. Achten Sie auf die Gebrauchsanweisung des Aräometers.

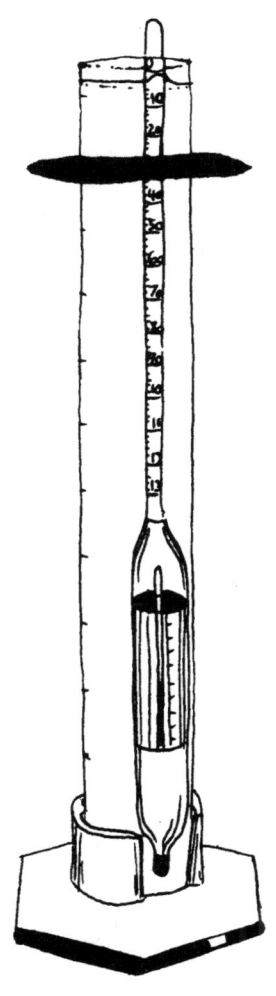

Noch etwas anderes muß bedacht werden. Jede Mostwaage ist auf 20° justiert, das heißt, sie zeigt den korrekten Wert nur an, wenn der Fruchtsaft diese Temperatur hat. Wird bei einer anderen Temperatur gemessen – und das ist ja meist der Fall –, müssen die abgelesenen Werte korrigiert werden.

Diese Korrekturdaten sind im dickbauchigen Unterteil der Spindel links neben dem Thermometer (also immer eine Mostwaage *mit* Thermometer kaufen!) angegeben. Je nach Temperatur müssen die abweichenden Daten hinzugezählt (bei höherer Temperatur) oder abgezogen (bei niedriger Temperatur) werden.

Das abgelesene (und nötigenfalls korrigierte) Mostgewicht sollte dann entweder in einem ›Kellerbuch‹ oder auf dem Gärfaß festgehalten werden.

Das Mostgewicht ist die erste Information, um den zukünftigen Alkoholgehalt des Weins bestimmen zu können.

Während des Gärvorgangs können Kontrollmessungen durchgeführt werden, die einen sinkenden Öchslewert und einen im gleichen Maße steigenden Alkoholgehalt aufzeigen.

Davon mehr bei der Gärführung. Wenn die Öchslewaage nach Abklingen der Gärung 0° anzeigt, so ist in der Flüssigkeit kein meßbarer Zucker mehr vorhanden.

Zeigt die Mostwaage zum Beispiel bei einem Apfelsaft 45° Öchsle an, so bedeutet das, daß 1 Liter dieses Saftes das spezifische Gewicht von 1045 g hat. Um den prozentualen *Zuckergehalt* zu bestimmen, werden die Öchslegrade mit zwei multipliziert.

Ein Liter Apfelsaft mit 45° Öchsle hat demnach 90 g Zucker.

Um mit diesem Wert auf den späteren Alkoholgehalt des vergorenen Weins zu schließen, müssen die Öchslegrade mit dem Gewicht des Alkohols im Wein gleichgesetzt werden.

Das geschieht folgendermaßen:

45° Öchsle bedeuten 45 g Alkohol pro Liter Wein. Will man den prozentualen Anteil des Alkohols berechnen, so dividiert man die Öchslegrade durch 8, was bei unserem Beispiel einen Alkoholgehalt von 5,1 % ergibt.

Der Weinfachmann benutzt natürlich genauere Daten. Für uns als Hobbywinzer aber genügen diese Faustregeln. Für hausgemachten Wein, der nicht verkauft werden soll, braucht man keine drei Stellen hinter dem Komma.

Des weiteren stellt sich die Frage nach Güte, Harmonie und Lagerfähigkeit des späteren Weins, der gewisse Mindestwerte aufweisen sollte.

Bisher konnten wir den Zuckeranteil und den künftigen Alkoholgehalt berechnen. Doch ist ein Wein mit 5,1 % Alkohol gut, harmonisch und lagerfähig?

Um es kurz zu sagen: dieser Wein wird voraussichtlich kraftlos schmecken; denn die Güte oder Harmonie hängt nicht allein vom Zucker oder vom Alkoholgehalt ab, sondern auch von der Säure, auf deren Bestimmung ich im nächsten Kapitel näher eingehen werde.

Ein Wein mit 90 g Zucker und 5,1 % Alkohol ist kaum lagerfähig, da nur ein höherer Alkoholgehalt neben einer ausreichenden Säuremenge das Getränk stabilisiert.

Ein brauchbarer Obstsaft sollte 60° Öchsle aufweisen.

Die Bestimmung des Gesamtsäuregehalts

Ist der Zuckeranteil die Basis für den späteren Alkoholgehalt, so sorgt die Säure für den aromatischen Geschmack des Weins. Beide müssen in einer günstigen Relation zueinander stehen. Nur kommt ein solch harmonisches Verhältnis nur in guten Jahren und dann auch nur bei Weintrauben und bei Äpfeln vor. In normalen Jahren jedoch muß der Natur etwas nachgeholfen werden. Daran ist nichts Sträfliches; wer kann schon etwas gegen so ungünstige Klimabedingungen unternehmen, wie sie bei uns in Mitteleuropa herrschen?

Nur ein Fachlabor ist in der Lage, den genauen Säuregehalt eines Fruchtsaftes oder eines Weins zu analysieren.

Eine derart genaue Untersuchung ist jedoch beim selbstgemachten Wein nicht nötig; wir bestimmen die Gesamtsäure im Saft/Wein mit dem sogenannten Acidometer (siehe Bezugsquellen).

Der Acidometer besteht aus einem gläsernen Standzylinder mit 20 ml Fassungsvermögen und einer Gradeinteilung. Dazu gehört außerdem eine Flasche Blaulauge (Titrierlösung) sowie ein Päckchen Lackmuspapier.

Man mißt folgendermaßen: Die flüssige Blaulauge wird dem Saft oder Wein so lange zugegeben, bis er neutral ist; das heißt, daß die Menge der Flüssigkeitssäure mit der der Blaulauge identisch ist. Die Neutralisierung ist am Umschlagen der gelben (Saft/Wein-)Farbe über Grün in Blau ersichtlich.

Um einen genauen Wert zu errechnen, wird zuerst der Fruchtsaft bis zur 0-Marke des Glaszylinders eingefüllt und anschließend die Titrierlösung tropfenweise zugegeben. Zwischendurch muß das Glas geschüttelt werden (Daumen auf die obere Öffnung!), damit sich die beiden Flüssigkeiten gut miteinander vermischen. Sobald das Gelb des Fruchtsaftes dunkler wird, um schließlich in Maigrün überzugehen, darf die Blaulauge nur noch minimal zugegeben werden, etwa so lange, bis sich das Grün in Dunkelgrün verfärbt.

Der Saft darf auf keinen Fall blau werden, weil dann der günstigste Meßpunkt bereits überschritten wäre.

Nun können Sie an der Gradeinteilung ablesen, wie viele Kubikzentimeter Blaulauge zugegeben worden sind. Die ermittelte Zahl (z. B. 7) bezieht sich auf den Säuregehalt im Saft, und zwar in Gramm pro Liter (= g/l).

Im folgenden werden wir mit dem Mostgewicht und dem Gesamtsäuregehalt zu arbeiten haben; diese beiden Werte sind wichtige Grundlagen, um den zukünftigen Wein veredeln zu können.

Ein guter Obstsaft sollte einen Säuregehalt von 6–8 g/l aufweisen.

Trockenverbesserung

Unter Verbesserung eines Weins versteht man die Zugabe von Zucker, bei gewissen Obstsorten auch von Säure, oder aber bei sehr säurereichen Früchten die Verringerung der Säure. Der gewerblichen Weinherstellung sind bezüglich der Weinverbesserung enge Grenzen gesetzt, wir aber, die wir unseren Wein nur für den Eigenbedarf herstellen, brauchen uns um diese Vorschriften nicht so sehr zu kümmern. Abgesehen von dem ›naturreinen‹ Saft und Wein, der in guten Jahren ohne weiteres herzustellen ist (jedenfalls was Weintrauben und Äpfel betrifft), gibt es bei der Herstellung von Wein eine Art Grundrezept, auf dessen Basis die Qualitätsstufe des Weins festgesetzt wird.

Gewöhnlicher Trink-Obstwein oder Most, wie man in Baden-Württemberg sagt, hat mindestens 40° Öchsle. Der Saft in unserem Rechenbeispiel wäre danach als brauchbar einzustufen. Nun werden an einen solchen Most keine Ansprüche gestellt, außer der, daß er zügig weggetrunken werden muß. So beschaffen hält er sich bestenfalls bis zum nächsten Frühjahr.

Meine Erfahrung hat gezeigt, daß man gerade Wein aus Kernobst nicht unter 60° Öchsle ansetzen sollte. 1982 beispielsweise brachten Äpfel von Haus aus 62° Öchsle auf die Waage.

Dieser Wein gilt immer noch als recht leicht und stellt die Mindest-Gradzahl dar, die ein Getränk haben sollte, das den nächsten Sommer überleben soll. Das *muß* es natürlich nicht: selbstgemachter Wein ist ja zum Trinken da und nicht zur Ausstattung eines Kellers mit noblen und seltenen Kreszenzen. Selbst bei aller Mühe wird unser Produkt niemals dazu gehören.

Anders sieht es dagegen bei den verbesserten Weinen aus, deren Saft ›angereichert‹ wurde, wie das Weingesetz die Zuckerzugabe umschreibt. Mittelleichter Tischwein enthält so gemäß des Grundrezeptes maximal 80° Öchsle; Dessertwein höchstens 120–130° Öchsle.

Ein Saft mit 45° Öchsle benötigt also, um sich zu einem guten Tischwein mit 10,6 % Alkohol zu entwickeln (80° Öchsle = 10,6 % Alkohol), eine Zuckerzugabe. Um die Flüssigkeit um 1° Öchsle zu erhöhen, wird der Saft pro Liter mit 2,6 Gramm Zucker ›angereichert‹. Bei dem angestrebten Öchslegrad von 80 müssen (80–45 =) 35° Öchsle hinzugegeben werden: 35 x 2,6 = 91 g/l. Bei einem 50-Liter-Ballon wären das 4,55 kg, also fast zehn Pfund Zucker.

Nach dieser Rechnung läßt sich jede Verbesserung eines Fruchtsaftes, ob Tisch- oder Dessertwein, durchführen.

Dabei ist aber noch eines zu bedenken: Gewöhnliche Tischweine bis etwa 90° Öchsle wandeln den gesamten Zucker (je nach Heferasse und deren Leistungsfähigkeit, siehe Seite 85) in Alkohol (+ Kohlensäure) um, sind also nach Beendigung der Gärung durchgegoren, das heißt, ›trocken‹.

Höhere Mostgewichte bei Dessertweinen behalten einen unvergorenen Zuckerrest (die Hefen schaffen das einfach nicht!), die sogenannte ›Restsüße‹. Bei der Messung eines fertigen Dessertweines wird sich die Mostwaage zwischen 10° und 20° Öchsle einpendeln. Mehr davon bei der Gärsteuerung; genauere Daten zur Herstellung von Tisch- und Dessertweinen verschiedener Obstsorten sind im Rezeptteil zu finden. Eine behutsame Anreicherung von Mosten mit ungenügenden Öchslegraden nimmt man hauptsächlich bei Tischweinen vor, also bei Säften aus Kernobst und Weintrauben, während Säfte von Beerenobst zu Dessertweinen verarbeitet werden sollten. Als trockene Tischweine schmecken sie zu hart und zeigen nur einen mäßig ausgeprägten Charakter.

Zur Trockenverbesserung nimmt man trockenen Kristallzucker (keinen Traubenzucker!), der im erwärmten Most aufgelöst wird. Erst wenn sich am Boden der Schüssel keine Kristalle mehr zeigen, wird die gesättigte Zuckerlösung mit dem übrigen Fruchtsaft vermischt.

Saft aus Kernobst sollte ein Mindestgewicht von 55–60° Öchsle aufweisen, um einen frischen, leichten Trinkwein zu ergeben.

Einen edleren Tischwein (entsprechend etwa dem Qualitätswein) stellt man auf 80° Öchsle ein, wobei ich nicht nur an Apfel- oder Birnenwein denke, sondern auch an Wein aus weißen Trauben. Rotwein aus Trauben kann 90° Öchsle aufweisen. All diese Weine werden durchgären, sie sind ›trocken‹. Dessertweine aus Beerenobst werden auf 100–120 oder gar 130° Öchsle eingestellt. Derartige Weine werden jedoch mehr oder weniger unvergorenen Zucker enthalten: die ›Restsüße‹. Um einen Fruchtsaft um 1° Öchsle zu erhöhen, rechnet man pro Liter mit 2,6 Gramm Zucker.

Naßverbesserung

Mit dieser Methode wird nicht nur der Zucker-(also spätere Alkohol-)Gehalt verbessert, sondern auch ein etwa vorhandener Säureüberschuß vermindert. Der dem Fruchtsaft zugegebene Kristallzucker wird dabei in Wasser aufgelöst. Der Saft bekommt dadurch nicht nur mehr Süße, sondern wird auch durch die Zugabe einer neutralen Flüssigkeit (= Wasser) vermehrt, was gleichzeitig den Säuregehalt herabsenkt.

Der Zuckerwasseranteil sollte jedoch nicht mehr als 10 % der Saftmenge betragen, da der Wein sonst seinen Geschmack verliert. Deshalb kommt die Naßverbesserung natürlich nur bei solchen Fruchtsäften in Frage, die extrem säurereich sind und gleichzeitig über ein stark ausgeprägtes Fruchtaroma verfügen, das sich bei einer ›Streckung‹ nicht allzusehr verliert.

Dabei verfährt man wie folgt:

Im Acidometer befindet sich zum Beispiel ein Fruchtsaft, der sehr sauer ist und 16 g/l anzeigt. Optimal wäre ein Wert von 8 g/l. Sobald dem Saft die gleiche Wassermenge zugegeben wird, halbiert sich der Säurewert, allerdings auch die Öchslegrade; deshalb muß die Zuckerzugabe erneut ermittelt werden. Das geschieht wie im Kapitel ›Trockenverbesserung‹ beschrieben. Fruchtsäfte, die nur wenig über den Normalwerten von 6–8 g/l liegen, lassen sich durch eine Naßverbesserung zwar entsäuern, besser ist es jedoch, sie mit säurearmen Säften zu verschneiden, ebenso wie säurearme Säfte mit säurereichen verschnitten werden.

Verschneiden

Die empfehlenswertere Methode zur Säurereduzierung ist sicherlich der Verschnitt von zwei unterschiedlich sauren Fruchtsäften. Es gibt ja herbe und weniger herbe Äpfel, die zusammengemischt ein gutes Getränk ergeben, während jeder davon einzeln ausgepreßte Saft nicht recht überzeugt.

Wer nicht bestimmte Mostapfelsorten kaufen muß, sondern über einen Garten mit verschiedenen Früchten von säurearm bis säurereich verfügt, braucht natürlich nicht ans Verschneiden zu denken; er mischt das Obst schon vor dem Pressen.

Anders ist es, wenn die Sorten zu verschiedenen Zeiten reifen. Dann muß verschnitten werden; in diesem Falle meist schon als Wein, da das säurearme Obst oft schon im September angesetzt werden kann, das späte saure aber erst im November. Ob jedoch der Fruchtsaft oder erst der Wein verschnitten werden soll – die Säuremessung erfolgt in beiden Fällen wie beschrieben. Da könnte z. B. der eine Fruchtsaft einen Gesamtsäuregehalt von 4 g/l enthalten (etwa von einer Birnensorte). Er wird also mit einem zweiten Fruchtsaft verschnitten, der beispielsweise 9 g/l Säure hat.

Mischen wir die beiden Flüssigkeiten im Verhältnis 1:1, so hat der neue, verschnittene Saft 13 g pro 2 Liter, also 6,5 g/l, und das ist ein gerade noch brauchbarer Wert.

Beim Verschnitt ist aber auch das Mostgewicht sehr maßgebend. Es wird ähnlich errechnet. Wenn der eine Saft 50° Öchsle enthält, der zweite nur 45° Öchsle, so ergibt das zusammen 95 : 2 = 47,5° Öchsle. Da dieser Wert für einen frischen Tischwein ungenügend ist, muß er trockenverbessert werden.

Entsäuern

Die Naßverbesserung betrifft nicht nur das Mostgewicht, sondern führt durch den Zusatz von Wasser gleichzeitig zu einer Vermehrung der Flüssigkeitsmenge, wodurch der Säuregehalt verringert wird.

Ein Fruchtsaft, der nicht angereichert zu werden braucht, aber zu hohe Säurewerte aufweist, wird durch die Zugabe von kohlensaurem Kalk ($CaCO_3$, in der Drogerie erhältlich) entsäuert. Um die Säuregrade pro Liter Saft um ein Gramm zu reduzieren, benötigt man 0,7 g kohlensauren Kalk. Soll etwa ein Traubensaft mit 13 g Säure pro Liter auf 8 g/l verringert werden, so braucht man 13 − 8 = 5 x 0,7 = 3,5 g $CaCO_3$/l. Zu den stark säurehaltigen Früchten gehören: Weintrauben, Stachelbeeren, Preiselbeeren, Himbeeren, Johannisbeeren und Heidelbeeren.

Säurezugabe

Nun gibt es aber auch Fruchtsorten, die über zu wenig Säure verfügen, wie etwa Birnen, Hagebutten, Rhabarber, Holunder, Aprikosen (aber auch Honig zur Metherstellung!). Sie benöti-

65

gen zusätzliche Säure in Form von 50%iger oder 80%iger Milchsäure. Die Milchsäure stabilisiert den fertigen, nicht zu alkoholreichen Wein, da sie nach der Gärung nicht weiter abgebaut wird.

Um die Säure im Saft um 1 g/l zu erhöhen, muß man 1,25 g 80%ige Milchsäure zugeben. Man rechnet die Gesamtzugabe auf die ganze Saftmenge um, mißt aber nochmals mit dem Acidometer nach, um eine Kontrollmöglichkeit zu haben.

Mehr als 3 g/l (= 3,75 g Milchsäure) darf nicht zugegeben werden; dies ist aber so gut wie nie der Fall, da es kaum Obstsäfte unter 4 g/l (= 4 g Säure pro Liter Saft) gibt und man sich getrost an die Untergrenze des optimalen Säurewertes halten kann (6–7 g/l).

Wer Zitronensäure verwenden möchte, nimmt pro Liter 1 g, um den Säuregehalt um 1 g zu erhöhen.

- Trockenverbessert werden Säfte mit normalem Säuregehalt (6–9 g/l), aber zu niedrigem Mostgewicht. Einfache Trinkweine (-moste) sollten 60° Öchsle haben, gute Tischweine 80° Öchsle (jeweils durchgegoren) und Dessertweine (mit Restsüße) maximal 120° Öchsle.

- Naßverbessert werden Säfte mit zu hohem Säureanteil (mehr als 9 g/l) und zu geringem Mostgewicht.

- Verschnitten werden Säfte mit unterschiedlichem Säureanteil sowie Mostgewicht. Reicht das nicht aus, muß durch Naßverbesserung oder durch Zugabe von kohlensaurem Kalk entsäuert werden. Sind die Säfte zu säurearm, so muß der Säurewert mittels Milch- oder Zitronensäure angehoben werden.

Folgende Geräte und Hilfsmittel werden zur Analyse benötigt:

Bestimmung des Mostgewichtes:
Standzylinder 250 ccm
Aräometer (Öchslewaage, Senkwaage, Spindelwaage) mit Thermometer

Bestimmung des Säuregehalts:
Acidometer (Standzylinder 20 ccm, Blaulauge, beide in Drogerien, zusammen etwa DM 30,– bis 40,–)

Der Wein

Die Umwandlung von Saft in Wein: Die Gärung

Was ist nun eigentlich Wein und wie entsteht er? Im Eingangskapitel war von einem Verwandlungsprozeß die Rede, und das ist durchaus richtig. Wein ist nichts anderes als der vergorene Saft der Weintrauben. In der Umgangssprache wird aber gemeinhin alles als Wein bezeichnet, was aus vergorenem *Fruchtsaft* hergestellt wurde: Es gibt ja auch Obstweine aus Äpfeln und Birnen oder den Fruchtwein aus allen möglichen Beerenarten. Aus dem Grunde beschäftigt sich dieses Buch mit allen schmackhaften Weinsorten, wobei die vielfältigen Rezepte eines gemeinsam haben: aus dem Saft einer Pflanze oder Frucht entsteht ein alkoholisches Getränk, das wir Wein nennen.

Man kann es noch mehr vereinfachen, indem man sagt: ›Wein‹ entsteht sogar dann, wenn Wasser mit Zucker und Hefe vermischt wird. Als mir das einmal ein Winzer erklärte – ich war gerade 14 Jahre alt –, eilte ich flugs nach Hause und probierte es aus:

Wasser war ja vorhanden, Zucker auch, einen Teelöffel Bäckerhefe bekam ich von meiner Mutter. Also nahm ich eine leere Weinflasche, füllte sie halb mit Wasser, gab ein paar Eßlöffel Zucker hinzu, schüttelte so lange, bis der Zucker nahezu aufgelöst war, füllte die Flasche mit Wasser auf und gab die Hefe in das Zuckerwasser. Der Leser erkennt gleich, daß ich nicht imstande war, die einzelnen Dosierungen nach präzisen Regeln vorzunehmen, aber einen Trick wußte ich schon. Wenn meine Mutter Hefeteig ansetzte (auch ein Gärvorgang!), ließ sie die Hefe ›schmelzen‹, indem sie sie mit Zucker vermischte; der Zucker verwandelte die Hefe in einen flüssigen Brei, den ich in die Flasche gießen konnte.

Zum guten Schluß verkorkte ich die Flasche und stellte sie ins Fenster an die Sonne.

Zunächst geschah gar nichts; nach tagelangem ungeduldigen Beobachten begann sich das Zuckerwasser zu trüben, auf der kleinen Wasseroberfläche oben im Flaschenhals entstand Schaum, und ich konnte sehen, wie sich die Flüssigkeit in sich bewegte.

Als ich am nächsten Tag aus der Schule kam, zeigte mir meine Mutter, was ich angerichtet hatte: Der Korken war aus der Flasche getrieben worden, das gärende Zuckerwasser war ausgetreten, auf das Fensterbrett heruntergeflossen, hatte die Tapete verschmiert und einen unübersehbaren Fleck auf dem Parkett hinterlassen. Das Gesetz der Ausdehnung, das ich in der Physikstunde nie hatte verstehen wollen, zeigte hier seine elementare Gewalt. Ich ließ – gewitzt durch das Fehlschlagen des ersten Versuchs – nun die Flasche, die nur mehr dreiviertelvoll war, offen. Der Schaum trat nicht mehr über die Flaschenöffnung, arbeitete aber munter weiter. Deshalb legte ich vorsichtshalber ein Papiertaschentuch auf die Öffnung, damit keine Fliegen hineinfallen konnten. Daß ich damit schon den bemerkenswerten Kunstgriff einsetzte, Wein und nicht Essig herzustellen, wurde mir damals jedoch noch nicht bewußt.

Und dann, nach wochenlangem, immer matter werdendem Gären klärte sich die nun gelb gewordene Flüssigkeit, und es setzte sich ein grauer Bodensatz ab.

Und nun die folgenschwere Tat des forschenden Jungwinzers: er nahm die Flasche, roch an der Öffnung, um festzustellen: »Es ist tatsächlich Wein!« – und goß den Inhalt in den Ausguß des Spülbeckens. Ich hatte einfach nicht den Mut, die klare, goldgelbe Flüssigkeit zu probieren, geschweige denn zu trinken. Ob mich mein Instinkt gewarnt hat? Heute weiß ich, daß mein ›Wein‹ ein saures, noch immer nach Hefe schmeckendes ›Gesöff‹ ohne jeden Eigengeschmack gewesen wäre, keinesfalls ein ›Genuß‹mittel.

Deshalb will ich die Behauptung: ›Wein entsteht durch das Zusammenwirken von Wasser, Zucker und Hefe‹ richtigstellen: Es entsteht Gärung, aber kein Wein. Zur Entstehung des Weins gehören Dinge, die in den Früchten enthalten sind und die bis heute noch nicht restlos analysiert werden konnten, wie zum Beispiel Fruchtsäuren, Gerbstoffe, Pektine, Eiweiße, Mineralien und Farb- und Aromastoffe (die das Bukett beim Wein bilden).

Kaum hat die Hefe ›begriffen‹, daß sie sich in einem für sie günstigen Medium befindet, beginnt sie auch schon, sich fleißig zu vermehren; sie ›frißt‹ (spaltet) den Fruchtzucker und wandelt ihn in Alkohol und Kohlensäure um. Der Alkohol verbleibt im werdenden Wein, die Kohlensäure (das Gas), die das Bestreben hat, sich auszudehnen und leichter ist als Wasser, steigt nach oben und entweicht aus dem Gärgefäß. Sie erzeugt einen sehr starken Druck, und wenn sie nicht entweichen kann, sprengt sie den Korken oder gar das Gefäß, wie ich es einmal erlebte.

Wasser und Zucker sind im Fruchtsaft enthalten; die die Gärung hervorrufenden Hefebakterien aber sind allgegenwärtig, in der Luft und auf der Fruchtoberfläche. Es gibt unzählige Arten dieser Hefepilze, und jede Fruchtart zieht ganz bestimmte Sorten an. In Weinanbaugebieten sind das wilde Weinhefen, in reinen Apfelanbaugebieten solche, die ausschließlich Äpfel bevorzugen. Daneben gibt es aber noch andere Hefepilze, die die Gärung soweit verändern können, daß der gärende oder vergorene Saft ungenießbar wird; zum Beispiel, wenn er zu Essig geworden ist. In der Natur leben viele Lebewesen nebeneinander, stören oder ergänzen sich; der umsichtige Weinbereiter versucht, diese Vorgänge zu verstehen und richtet danach die Behandlung seines Weins: so kommt er mit sehr wenigen fremden Hilfen aus und ist in der Lage, nahezu ›naturreinen‹ Wein herzustellen.

Nun haben sich, was den ›richtigen‹ (Trauben-)Wein betrifft, gerade in den letzten Jahrzehnten (insbesondere seit der Verabschiedung des neuen deutschen Weingesetzes von 1971) Weinhersteller, Kenner und Liebhaber dieses edlen Saftes zumindest verbal verfeindet, als es um die zentrale Frage ging: Ist der Wein, den ich da gekauft habe, ›naturrein‹ oder nicht?

Zu diesem ›naturrein‹ muß man wissen, daß nach dem Zweiten Weltkrieg, im Zuge der Rationalisierung und auch Technisierung des Weinbaus, von der Industrie und Chemie Mittel entwickelt wurden, die den Umwandlungsprozeß von Traubensaft zu Wein kontrollieren und beeinflussen können.

Ohne Frage ist der Trauben-(oder auch Obst-)Saft und der daraus entstehende Wein ein natürliches Produkt. Die Natur hat aber die Eigenwilligkeit, nicht stets die gleichen Qualitäten (wie vom Fließband) zu liefern, sondern, je nach der ›Güte‹ eines Weinjahres, mal einen besseren (sprich süßeren), volleren, alkoholreichen, mal einen schlechteren (sprich sauren) Tropfen bereitzuhalten; weiter oben wurden ja Verbesserungsmethoden beschrieben. War der Winter streng, die Traubenblüte oder noch gar die letzten Wochen des Herbstes verregnet, so weiß der Winzer, daß sich seine Mühe und Arbeit nicht gelohnt hat. Da man das nicht ändern kann und die Natur durchaus immerwährend ihre eigenen Wege geht (manche sagen »Gott sei Dank, wenigstens das!«), hat der Winzer gelernt, nachträglich die Launen der Natur zu korrigieren. Mit Hilfe der ›fortschrittlichen‹ Industrie ist er nun imstande, die Gärung an beliebiger Stelle zu unterbrechen (gestoppte oder gezügelte Gärung), um so einen Wein herzustellen, in dem die Hefe von einem bestimmten Punkt an gehindert wurde, weiterhin Zucker in Alkohol (und Kohlensäure) umzuwandeln. Das heißt, daß auch ein minderwertiger Wein noch etwas Restsüße aufweisen kann. War der Saft von vornherein nicht süß genug und auch nicht zu erwarten, daß ein Mindestmaß an Alkohol entstehen würde – das haben wir vorhin ausgerechnet –, so wurde dem Saft Zucker zugegeben.

Die zweite Möglichkeit, einen Wein zu verbessern, war die: Man ließ den Wein vollends durchgären, bis der Zucker restlos vergoren war und gab ihm vor dem Abfüllen in Flaschen Traubensaft zu (= Süßreserve), damit (wie die Hersteller meinen) der Wein ›harmonisch‹ schmecke; ausgewogen im Verhältnis von Säure, Süße und Alkoholgehalt.

Das, wie gesagt, ist der Streitpunkt; denn die Anhänger des ›naturreinen‹ Weins wollen solche Machenschaften nicht gelten lassen, obgleich sie gesetzlich abgesichert sind, und suchen sich Winzer, die wie in alter Zeit (oder auch neuester, denn viele Winzer schwenken allmählich wieder um) den Wein ausbauen. Auch ich bevorzuge die trockenen, durchgegorenen Weine ohne Süßreserve und bereite selbst ausschließlich trockene Weine zu, dennoch meine ich, daß der Streit um den ›trockenen‹ Wein ein Streit um des Kaisers Bart ist:

Wer trockenen Wein mag, kann sich diesen überall besorgen, es gibt mittlerweile genügend davon, wer sich lieber seine ›Schnauze verklebt‹ (wie Herzog Rudolf von Schwaben 1363 sagte), hat genügend Auswahl. Das mit dem naturreinen Wein ist sicherlich erst dann zu einem Problem geworden, als die Zahl der Liebhaber von trockenen Weinen größer wurde; und das ist noch gar nicht so lange her.

Ein weiteres Problem wurde bisher noch nicht angesprochen, obgleich es bei dem eben Beschriebenen eine Art Grundsatzfrage darstellt. Wein ist zwar ein Naturprodukt, verdankt aber der Kunst und der Umsicht des Winzers sein Dasein. Jahrtausendelang hat man nahezu ohne irgendein fremdes Hilfsmittel Wein hergestellt; er gelang, weil die Winzer die Augen offen hielten und den Gärvorgang genau beobachteten. Heutzutage meint man, auf Beobachtungsgabe und Fingerspitzengefühl verzichten zu können und verläßt sich kritiklos auf die von Wissenschaft und Industrie gelieferten Vorschläge und Hilfsmittel. Das verleitet dazu, den Gärvorgang mit der Technik zu beeinflussen. Damit wird das Produkt Wein zu einem

Erzeugnis wie jedes andere und birgt in sich die Gefahr, Charakter und den ihm eigenen Zauber zu verlieren. Nicht umsonst läuft das Gefühl des sensiblen Verbrauchers Sturm, wenn er hört, daß Bier aus Containern verzapft oder Wein in Plastikflaschen mit Kronkorken abgefüllt werden soll. Technisch gesehen ist der Inhalt natürlich der gleiche, aber die Ästhetik des Besonderen leidet unter dieser Verpackung.

Nicht zuletzt ist auch das ein Grund, warum dieses Buch geschrieben wurde. Gerade weil man in unseren Tagen nicht mehr genau sagen kann, was man eigentlich jeden Tag zu sich nimmt, möchte man bei gewissen Dingen wissen, wie sie zustandekommen. Darüber hinaus gibt es nur wenige Lebensmittel, die sich so problemlos herstellen lassen wie der Wein:

Küche oder Wohnzimmer genügen. Man braucht letztlich nichts anderes als die Zeit und Zuwendung, die man auch einem Haustier gewährt. Werdender Wein ist wie ein Wesen, das je nach der Qualität unserer Aufmerksamkeit lebt oder verdirbt.

Doch jetzt sollten wir uns näher mit der Sache beschäftigen und alles vermerken, was man richtig und was man falsch machen kann; getreu dem Motto: Manch einer macht dreißig Jahre denselben Fehler und nennt das dann Erfahrung!

Vorbereitungen zum Gäransatz

Das Gärgefäß

Spätestens beim Auspressen der Früchte mußte überlegt werden, in welchem Gefäß die Gärung vor sich gehen sollte. Die Auswahl hängt zum einen davon ab, wie groß die Flüssigkeitsmenge ist und welche Gebinde uns zur Verfügung stehen, zum anderen aber, und das ist für mich wesentlich – in welchem Gefäß ich den Wein ausbauen *will*.

Kleinere Fruchtsaftmengen wird man im Glas gären lassen. Das kann, im allerkleinsten Fall (oder für den ersten Versuch), eine 1 Liter fassende Flasche sein. Es ist jedoch zu empfehlen, nicht mit Gefäßen zu arbeiten, die weniger als vier Liter fassen; diese Größe haben nämlich die kleinsten Ballons, die man mit einem Gärverschluß verschließen kann. Vier Liter bilden auch dann ein günstiges Fassungsvermögen, wenn man nur wenig zu verarbeitende Früchte hat oder solche, die nur mit großem Aufwand in Saft verwandelt werden können, wie z. B. Hagebutten.

Der Glasballon, ob nun vier Liter, 25 Liter oder 50 Liter fassend, empfiehlt sich besonders, weil er wenig kostet, leicht zu reinigen ist und vor allem, weil man durch ihn den Gärvorgang laufend beobachten kann. Ein Glasballon nimmt nicht viel Platz ein und kann in einer Ecke in der Küche stehen, wo er niemanden stört (es sei denn, durch das Geräusch des Gäraufsatzes); er ist sozusagen ›unter ständiger Kontrolle‹.

Für kleinere Mengen ist also ein Glasbehälter ideal. Dazu besorgt man sich (in dem Fachgeschäft, in dem auch der Ballon gekauft wurde) einen passenden Korken oder Gummistopfen, in den man ein Loch für den Gäraufsatz schneiden läßt. Größere Obstmengen dagegen beanspruchen natürlich auch größere Behälter, um in *einer* Partie vergoren werden zu können. Das ist sehr wichtig, denn für den Gärvorgang sind die Bedingungen in einem Faß mit 100 Liter weitaus günstiger als in zwei Ballons mit je 50 Liter Fassungsvermögen. Warum das so ist, werde ich später erklären.

Am günstigsten ist es, wenn für jede Obstsorte extra ein Gebinde da ist: 20 Liter Johannisbeersaft setzt man in einem 20- oder besser 25-Liter-Ballon an, für 125 Liter Trauben- oder Apfelsaft sollte ein Behälter von 100 Liter zur Verfügung stehen, der zu 90 % gefüllt wird, für den Rest ein 25-Liter-Ballon und noch ein 5-Liter-Ballon. Beim Gärprozeß braucht das Gärgut – der entstehende Wein – einen ausreichenden Leerraum, um sich ausdehnen zu können. Gewöhnlich genügen 10 % der jeweiligen Füllmenge. Beim späteren Ausbau wird ja die Menge des Weins reduziert: durch das Probieren und durch die Abstiche, bei denen Hefen und Trübstoffe ausgeschieden werden. Nach dem ersten Abstich z. B. sind von den anfangs 125 Liter nur mehr 110 vorhanden, vorausgesetzt, es wurde vom werdenden Wein – dem Federweißen – nicht zuviel weggetrunken. Dann werden die Behälter wieder gänzlich nachgefüllt, das heißt, nun ist das 100-Liter-Faß wie auch ein weiterer 10-Liter-Ballon gefüllt.

Sie sehen also, daß für eine Partie Wein nicht nur ein Behälter genügt; man braucht in jedem Fall zwei: einen Gärbehälter *und* ein weiteres Gefäß, in das man den Jungwein nach dem ersten Abstich einfüllt, sowie kleinere Gebinde, in denen der überschüssige Wein, die Reserve zum Nachfüllen (der ›Füllwein‹), gelagert werden kann.

Zu den kleineren Gefäßen rechne ich die Glasballons. Wie aber ist es mit den größeren Behältern, falls wir Traubenwein ansetzen wollen oder auch Wein aus Kernobst, das meist ebenfalls reichlich anfällt?

Es gibt kleine Plastiktanks mit 100 oder 200 Liter Fassungsvermögen zu kaufen, die mit einem Deckel und einer Vorrichtung für den Gärverschluß versehen sind und die man ohne weiteres zum Ansetzen von Wein benutzen kann. Sie sind zwar nicht ganz so preiswert wie die Glasballons, aber leicht, unzerbrechlich und ebenfalls ohne Mühe zu reinigen. Sind sie sauber mit Wasser ausgeschwenkt, so können sie wie die Glasbehälter in einem trockenen Raum bis zum nächsten Herbst aufbewahrt werden, ohne vorher konserviert oder sonstwie behandelt werden zu müssen.

Nun gibt es noch eine dritte Möglichkeit und die wäre das ›klassische‹ Weinfaß aus Holz! Es wird seit mindestens 2000 Jahren benutzt, allerdings seit kurzem von professionellen Weinbereitern aus den Kellern verdrängt und durch Plastik- und Edelstahltanks ersetzt (obgleich ich einige Winzer kenne, die sich wieder auf die Qualität der guten Kastanien- oder Eichenholzfässer besinnen). Ich persönlich dulde in meinem Keller ausschließlich Holzfässer, nur für winzige Mengen, etwa Füllwein, benutze ich Glasballons von 4–25 Liter. Bei Holz besteht der Vorteil gegenüber anderem Material darin, daß es atmet, der Wein also durch die Poren des Holzes mit dem Sauerstoff in Berührung kommt (oxidiert) und dadurch schneller ›reift‹. Zusätzlich beeinflußt ein gutes Holz den Geschmack des Weins vorteilhaft. Wahrscheinlich rührt das von der im Holz vorhandenen Gerbsäure her; woran es genau liegt, weiß man aber noch nicht. Sogar die Fachliteratur ist der Meinung, daß ein *einwandfreies* Holzfaß eine positive und damit auch reifefördernde und gütesteigernde Wirkung auf den Wein hat.

Das Wort ›einwandfrei‹ gibt aber auch den Nachteil eines Holzfasses zu bedenken: sein Zustand muß ständig überprüft werden (es ›lebt‹ ja!) und es muß nach und vor dem Gebrauch gründlich gereinigt werden, was besonders bei Fässern ohne Spundtürchen nicht ganz einfach ist; denn sonst könnten sich Schimmelpilze und der Holzschwamm ansetzen, zwei ›Krankheiten‹, die nur unter großen Mühen auszutreiben sind. Der Flüssigkeitsschwund ist − durch den ständigen Austausch mit der Außenluft (= Verdunstung) − beträchtlich; schon allein deshalb muß immer Füllwein bereitgehalten werden, und da der Wein in einem Holzfaß nicht hermetisch abgeschlossen ist, besteht ständig die Gefahr, daß er negativen Einflüssen unterliegen könnte, *wenn das Faß nicht gründlich gepflegt wird!* Es ist wie beim Kochen: wer nur gerne kocht, aber ungern abwäscht und diese Tätigkeit als würdelos betrachtet, der wird auch keinen Spaß an der Faßpflege finden. Er sollte deshalb lieber die Finger von Holzfässern lassen. Wer aber genügend Neugierde aufbringt und erfahren will, wie sich eine lebende Flüssigkeit (der Wein) in einem lebendigen Holzbehälter ausbaut, der muß es einmal probieren. Ich baue meine Weine grundsätzlich in Holz aus. In München ließ ich mir zwei 60-Liter-Fässer aus Eiche bauen, hier in der Pfalz (wie auch in anderen Weinbaugebieten), wo keine Schwierigkeit besteht, um an preiswerte und gebrauchte Holzgebinde zu kommen, habe ich meinen Keller mit Fässern aller Größenordnungen bis zum Stückfaß (1200 Liter) ausgerüstet. Das sind nun – leider – für uns Hobbywinzer, die wir nur mit kleineren Mengen arbeiten, Größenordnungen, in denen sich der Wein am besten ausbauen läßt. Je kleiner ein Holzfaß, um so geringer ist die Gärtemperatur, was wiederum die Gärzeit verlängert und gleichzeitig ein stärkeres Verdunsten des Weins bedeutet: Die Oberfläche des kleinen Behälters ist ja in der Relation zur Flüssigkeitsmenge wesentlich größer als die eines großen Fasses. Gerade bei einer Halb- (600 Liter) oder gar Viertelstückgröße (300 Liter) muß man sehr vorsichtig sein, um guten Wein zu erzeugen. Denn bei dieser Faßgröße läuft nicht nur der Reifeprozeß schneller ab (man muß früher abfüllen), auch die Anfälligkeiten für Krankheiten und Fehler sind eher gegeben. Warum das so ist, werde ich im Kapitel über die alkoholische Gärung beschreiben.

Die Pflege der Holzfässer

Da ich jedes Jahr in meinen Fässern Wein gären lasse und lagere, meist von Oktober bis spätestens März, sind es sechs Monate, in denen sie leer im Keller liegen. Das ist der Zeitraum, in dem die ja immer vorhandenen schädlichen Pilze und Bakterien wirksam werden können. Solange der Wein gärt, geschieht den Fässern nichts. Sie sind ja angefüllt mit einer Flüssigkeit, die einen gewissen Gehalt an stabilisierendem Alkohol und Säure sowie der nicht zuletzt bei der Gärung entstehenden Kohlensäure beinhaltet. Auch der Jungwein, dem ja nur Hefen und Trubstoffe entzogen wurden, hält das Faß stabil.

Sobald aber das Faß trocken liegt, beginnt seine Anfälligkeit: die Restfeuchtigkeit im Holz kann Schimmel oder Schwamm anziehen; später trocknet das Holz aus, die einzelnen Dauben werden locker, besonders in sehr trockenen Kellern. Deshalb sind Holzfässer nicht zu empfehlen, wenn sie in einem Keller mit weniger als 75 % Luftfeuchtigkeit (Feuchtigkeitsmesser im Keller aufhängen!) gelagert werden sollen.

Trockenkonservierung von Holzfässern

Grundsätzlich werden Fässer nach Gebrauch gründlich mit zuerst heißem, dann mit kaltem Wasser ausgeschwenkt. Erst wenn das Wasser klar sowie geruchs- und geschmacksfrei abläuft, kann das Faß als sauber gelten. War vorher guter Wein im Faß, ist das nicht weiter schwierig, das Faß braucht keine besondere Pflege. Nur sollte es konserviert werden. Ich sage ›sollte‹, weil nach der herkömmlichen Art im Faßraum eine Schwefelschnitte (in der Drogerie erhältlich) abgebrannt wird. Auf je 100 Liter rechnet man mit einer Schwefelschnitte. Schwefel, der sich beim Abbrennen als Gas (SO_2) an den Holzwänden niederschlägt, hat eine keimhemmende Wirkung. Diese Methode nennt man ›Trockenkonservieren‹. Sie wurde schon vor mehr als 2000 Jahren von Griechen und Römern angewandt und ist bis heute unverändert.

Die Wirksamkeit des Schwefels läßt nach etwa 4–6 Wochen nach, danach muß das Faß erneut ›eingebrannt‹ werden, wie der Winzer sagt. Dazu hängt man eine mit dem Streichholz angezündete Schwefelschnitte (je nach Faßgröße wie oben angegeben) ins Faß, läßt sie ausbrennen und verschließt kräftig mit dem Spund.

Ich kenne Winzer, die ihren Wein möglichst naturnah ausbauen möchten und nicht nur auf die Trocken-, sondern auch auf die gleich zu beschreibende Naßkonservierung verzichten. Dafür ist ihre Methode teurer: Sie füllen nämlich alle vier Wochen ihre Fässer mit frischem Wasser und gießen das ›verbrauchte‹ Wasser weg, wobei sie den Geschmack und Geruch dieses Wassers überprüfen, um zu erkennen, ob das Faß gesund ist oder nicht. Nur wenn das Ergebnis negativ ist, greifen sie zum Schwefel, sozusagen als letzte Rettung.

Das Schwefelgas im Faßraum und der Innenwandung des Fasses baut sich im Lauf der Wochen ab, neutralisiert sich und hat auf die Füllung mit neuem Most kaum mehr Einfluß, wenn das Faß vor dem Herbst ausgiebig gewässert wurde. Wenn das klare Wasser nach nichts schmeckt und riecht (etwa stumpf und strohig wie eine schon lang leerstehende Sherryflasche), dann sind die Schwefelsäure und deren Salze ausgewaschen. (Zur Schwefelung von Most/Wein siehe Seite 94.)

Naßkonservierung von Holzfässern

Im Prinzip ist dies die gleiche Methode wie die eben beschriebene, hat aber einen entscheidenden Vorteil: Es kostet zwar Wasser, dafür bleibt das Faß aber feucht und wird den nächsten Wein nicht im Holz aufsaugen, sondern nur in seinem Innenraum!

Pro 100 Liter (1 Hektoliter) Faßraum löst man 100 g Kaliumpyrosulfit in einem Liter Wasser auf und gibt 20 g Weinsäure (Drogerie) dazu. Dann füllt man das Holzfaß mit Wasser auf, rührt gut um und verschließt es mit einem gut sitzenden Spund. Kaliumpyrosulfit ($K_2S_2O_5$) gibt, gelöst in Wasser und mit Säure aktiviert, etwa die Hälfte seiner Masse in Schwefel (SO_2) ab, das heißt, eine 10-g-Tablette wirkt wie 5 g Schwefel. Zum Vergleich: Eine 10-g-Schwefelschnitte gibt 20 g Schwefelgas, also das Doppelte. Mit dieser Mischung vollgefüllt, ist das Faß etwa ein Jahr lang konserviert. Allerdings sollte, besonders in trockenen Kellern, hie und da der Flüssigkeitsspiegel überprüft werden. Bei einem Schwund wird das Faß einfach mit klarem Wasser bis zum Spund nachgefüllt.

Anschaffung gebrauchter Fässer

Wer sich ein oder mehrere Fässer anschaffen will, achte darauf, daß vorher ausschließlich guter Wein darin gelagert wurde. Bierfässer, Essigfässer oder solche, in denen essigstichiger oder essigsaurer Wein gelegen hat, eignen sich nur sehr schlecht. Bestenfalls Weinbrandfässer (keine denaturierten oder ›vergällten‹!), abgegeben von einer Brennerei, sind zum Weinausbau geeignet. Sie alle müssen zuvor sorgfältig gereinigt und mehrfach heiß und kalt ausgeschwenkt werden. In hartnäckigen Fällen können sie mit einem Zusatz von Faßreinigungsmitteln (Soda) gesäubert werden, bis das ablaufende Wasser nach dem letzten Ausspülen vollkommen geruchs- und geschmacksfrei ist. Fässer, in oder an denen sich schon ein weißer oder gar grüner Schimmelpilz festgesetzt hat, sind absolut ungeeignet. Der Aufwand, um sie wieder instandzusetzen, ist zu groß. Nur ein Küfer kann sie notfalls herrichten. Er muß sie aufschlagen, bis aufs gesunde Holz abhobeln und wieder zusammensetzen.

›Weingrünmachen‹ neuer Fässer

Neue, noch ungebrauchte Fässer müssen ›weingrün‹ gemacht werden. Das bedeutet, daß die in der Holzfaser enthaltenen Gerbsäuren, vor allem die Gallussäure, ausgewaschen werden. Dafür wird das Faß zunächst drei Tage lang gewässert, dann $^1/_2$ Stunde mit einer 2%igen Sodalösung gebeizt (also 200 g auf 100 l) und anschließend ›süßgebrüht‹. Unter ›süßbrühen‹ versteht man, daß heißes klares Wasser ins Faß gegossen, anschließend der Spund fest eingeschlagen und das Faß so fest wie möglich hin- und hergeschwenkt wird. Dadurch entsteht ein Unterdruck, das Wasser dringt besser in die Poren der Holzfaser ein und reinigt somit auch gründlicher.

Danach wird wieder mehrfach gewässert, eventuell auch noch ein zweites oder drittes Mal süßgebrüht und abschließend stets kalt gewässert.

In neuen, wenn auch weingrüngemachten Fässern darf niemals als erstes Wein gelagert werden. In diesen Fässern wird immer noch Holzgeschmack frei, der den Wein beeinträchtigen könnte. Ein solches Faß wird in den ersten Jahren ausschließlich als Gärfaß verwendet.

Zusammenfassung:

- Für kleinere Weinmengen benutzt man Glasballons (von 4–5 Liter), für größere Plastiktanks oder Holzfässer.
- Holzfässer müssen in der Zeit, in der sie leer liegen, konserviert werden: Trockenkonservierung mittels Einbrand von Schwefelschnitten, Naßkonservierung mittels Kaliumpyrosulfit in Form von Tabletten (haltbarer als die Pulverform).
- Gebraucht gekaufte Fässer müssen sehr sorgfältig gereinigt, neue müssen ›weingrün‹ gemacht werden.
- Trocken- oder naßkonservierte Fässer müssen vor dem erneuten Gebrauch im Herbst gründlich ausgeschwenkt werden.

Die Gärtemperatur im Gärraum

Wie ich schon andeutete und auch gleich näher ausführen werde, benötigt das Gärgut – der Trauben- oder Fruchtsaft – eine optimale Temperatur. Bei den frühgeernteten Obstsorten ist das kein großes Problem; bis zum September ist es selbst im Keller noch warm genug, um eine Gärung einzuleiten und in kurzer Frist zu beenden. Später geerntetes Obst und auch die Weintrauben finden Bedingungen vor, die für eine zügige Gärung nicht so günstig sind – es ist vielfach kühl oder zuweilen auch kalt. Da bleibt uns oft nichts anderes übrig, als ein wenig nachzuhelfen.

Bei kleineren Mengen Gärgut· bereitet das weiter keine Schwierigkeiten; die Gärbehälter, meist Glasballons oder aber auch kleine Holzfässer, können in einem Raum gelagert werden, in dem eine stets gleichbleibende Temperatur herrscht: 15–20° C sind dabei das Optimum. Wer dergleichen nicht hat oder Saftmengen ansetzt, die nicht mehr in die Wohnung passen, so daß er in seinen kalten Keller ausweichen muß, wird nicht umhin können, den Raum ein wenig zu heizen, oder spezielle Kaltgärhefen zu verwenden, die selbst bei niedrigen Temperaturen den Saft gut vergären.

• Die Temperatur im Gärraum sollte nicht über 25° C betragen (das schadet der Hefe) und nicht unter 6–8° C (die Gärung kommt sonst erst gar nicht in Gang).

Der Gäraufsatz

Das Gärgefäß, ob Ballon oder Faß, muß verschlossen werden, sobald der Fruchtsaft eingefüllt ist; nur dann kann die Gärung frei von äußeren Einflüssen ablaufen. Die Flüssigkeit im Behälter darf nämlich mit der Außenluft nicht in Berührung kommen. Wie schon angedeutet, genügt dazu ein Korken nicht. Er würde nach Beginn der Gärung durch den Druck des Kohlensäuregases hinausfliegen. Auch die Methode, den Korken oder einen Spund lose aufzulegen (wie das noch heute bei rückständigen Winzern zu beobachten ist), ist nicht ratsam, da dann zwar das Gas austreten kann, aber gleichzeitig auch schädliche Keime ins Innere des Gärbehälters gelangen können.

Lappen oder Wattebäusche sind auch ungeeignet; sie lassen zwar ebenfalls Gas durch, aber ebenso Bakterien ein, die im gärenden Most nichts verloren haben.

Der einzig zulässige, weil effektive Verschluß des Gärgefäßes ist ein Gäraufsatz. Es gibt verschiedene Konstruktionen, die jedoch alle in einen passenden Korken oder Gummispund gesteckt werden können. Diese verschließen die Öffnung von Ballon oder Faß (beim Kauf die Größe beziehungsweise den

Durchmesser angeben) und lassen das Gärgas nur durch den Gäraufsatz austreten und an die Luft gelangen.

Der Gäraufsatz ist so konstruiert, daß er Gas oder Luft aus-, aber nicht eintreten läßt. Dazu wird der Aufsatz mit Wasser gefüllt. Durch den Überdruck des Gärgases wird die kleine Wassersäule hochgedrückt und das Gas kann entweichen (siehe untenstehende Abbildung).

Anders funktioniert der Gäraufsatz aus Kunststoff. Das Röhrchen, das im Verschlußkorken oder -spund steckt, weitet sich zu einem doppelwandigen, nach oben offenen Zylinder. Zwischen beiden Wänden wird Wasser eingefüllt und ein weiterer, unten offener Zylinder paßt genau zwischen die beiden Wandungen des Aufsatzes und taucht mit seinen Wandungsenden in das Wasser. Das Gärgas, das durch das Rohr nach oben steigt, drückt den Deckel hoch und entweicht durch das Wasser. Ein solcher Gäraufsatz steckt in dem Gummistopfen auf dem Glasballon im Titelbild.

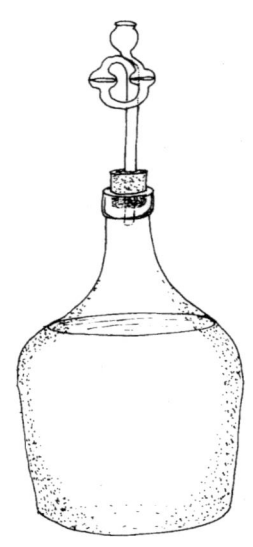

- Nur ein mit einem Gäraufsatz verschlossenes Gärgefäß läßt den Saft sauber und unbeeinflußt von schädlichen Bakterien vergären.
- Gäraufsätze gibt es in verschiedenen Größen aus Glas (Gärpfeifen) oder Kunststoff.

Die alkoholische Gärung

Bevor der Saft zur Gärung angesetzt wird, möchte ich den Vorgang des Umwandlungsprozesses, die Spaltung von Zucker in Alkohol und Kohlensäure, schildern.

Diese Spaltung wird von unterschiedlichen Hefen besorgt. Sie alle und noch viele andere Mikroorganismen – schädliche, neutrale, aber auch solche mit begünstigenden Eigenschaften – sind während der Erntezeit auf den Früchten angesiedelt. Wird die Frucht zerkleinert und der zuckerhaltige Saft ausgeschieden, so erhalten diese Organismen einen günstigen Nährboden. Ganz grob gesprochen ernähren sie sich vom Fruchtzucker und produzieren gleichzeitig Alkohol und Kohlensäure zu etwa gleichen Teilen. Dieser Stoffwechselvorgang erzeugt Energie und erwärmt die Flüssigkeit, in der diese Vorgänge ablaufen. Je höher die Temperatur der Flüssigkeit ist (bis 40° C in Großgebinden ab 10 000 l), um so schneller vermehren sich die Hefezellen und spalten immer mehr Zucker in Alkohol und Kohlensäure. Die Produktion von Kohlensäure ist hör- und sichtbar: am Rauschen im Faß, am Gluckern der Sperrflüssigkeit im Gäraufsatz oder am Scheppern des Deckels am Kunststoffgäraufsatz.

Die Öchslewaage aber läßt uns genau wissen, bis zu welchem Grad die Hefezellen den Zucker abgebaut und den Alkohol angereichert haben. Die Kohlensäure entweicht ja zum größten Teil aus dem Gärgefäß und verflüchtigt sich; nur ein minimaler Teil bleibt gelöst im Wein zurück (er ist verantwortlich für die ›Frische‹ im Wein!).

Ist der Zucker aufgebraucht (die Mostwaage zeigt dann auf 0), so stellen die Hefezellen ihre Tätigkeit ein, zehren zwar noch eine Zeitlang von ›ihrem Fett‹ und sinken letztendlich auf den Boden: die Hefe setzt sich ab.

Nur wenn der Fruchtsaft sehr zuckerhaltig ist (mehr als 90° Öchsle) läuft die Endphase der Gärung ein wenig anders ab. Je mehr Zucker, desto mehr Alkoholausbeute, so hieß die Regel. Doch ab einem bestimmten Alkoholgehalt können selbst die Hefezellen in ihrem eigenen Stoffwechselprodukt nicht mehr leben. Ab einer Konzentration von 15–18 % nämlich ist der Alkohol keimhemmend und keimtötend; der noch restliche Zucker im Wein bleibt unvergoren und bildet somit die Restsüße eines Weins.

So sieht der theoretische Ablauf einer Gärung aus; aber die Praxis wird des öfteren mit Problemen konfrontiert: wenn das Gärgut, also der Fruchtsaft, z. B. nicht vollreif und mit Krankheitskeimen behaftet oder die Gärung nicht vollständig vor Außeneinflüssen geschützt werden konnte. Sobald Behandlungsfehler gemacht werden, ändert sich auch der Gärvorgang. Das Produkt – der Wein – wird anders schmecken und riechen. Die verschiedenen Hefearten konkurrieren nämlich untereinander; und zwar in einer dem Wein sehr abträglichen Form. Da sind zum Beispiel die ›echten‹ Hefen (Saccharomyces), die mehr Alkohol aus dem Zucker holen können als die ›wilden‹ Hefen, die nur wenig Alkohol bilden oder auch nur bestimmte Zucker vergären können und statt dessen von anderen Inhaltsstoffen leben. Das sind die Apiculatushefen, die Kahm- und Schleimhefen, die zusätzlich noch von Essigbakterien und verschiedenen Schimmelpilzen Gesellschaft erhalten können.

Sie alle zehren von dem Nährboden Fruchtsaft und hinterlassen Stoffwechselprodukte, die der Güte eines Weins abträglich sind. Wilde Hefen und andere Mikroorganismen werden also als Schädlinge betrachtet und deshalb sollten wir ihre Vermehrungsfähigkeit möglichst einschränken. Ganz ausschalten läßt sich ihre Tätigkeit nicht, sie sind immer und überall im Saft und auch im Wein enthalten. Man kann aber dafür sorgen, daß ihnen die günstigen Wachstumsbedingungen entzogen werden.

Ein Beispiel dafür sind aerobe Bakterien, die sich nur in Verbindung mit Sauerstoff ausbreiten können. Ein perfekt verschlossenes Gärgefäß hält den Sauerstoff vom Gärgut fern – der Schädling hat keine Chance –, denn in der entstandenen und ständig nachproduzierten Kohlensäure kann er nicht leben.

Nun kann eine Gärung so geführt werden, daß all diese unliebsamen Begleiterscheinungen, wenn schon nicht ausgeschaltet, so doch unterdrückt werden. Wir kennen mittlerweile die guten Eigenschaften der echten Hefen und die schlechten der wilden Hefen, auch wenn die Endprodukte der Gärung (zum Beispiel bei den Aromastoffen) bis ins Letzte noch nicht durchschaut werden konnten. Wie aber unterdrückt man die nachteiligen Gärungserreger und fördert die positiven? Nun, so wie man aus Wildpferden edle Araber oder Trakehner züchten kann, so kann man auch Heferassen züchten.

Die Züchter suchen Hefen heraus, die sortentypisch sind (also zu dem jeweiligen Obst auch passen und dessen ›geschmackvolle‹ Eigenschaften fördern), sich schnell vermehren und damit im Gärgut ein Klima schaffen, in dem die wilden Hefen sich nicht ausbreiten können.

Da sie unverfälscht aus einer Familie kommen, nennt man sie auch Reinzuchthefen. Werden sie vor oder zu Beginn der Gärung dem Most zugesetzt, so haben sie einen Vorsprung gegenüber den safteigenen wilden Hefen und können die Bedingungen zu ihren Gunsten verändern und damit alle anderen Konkurrenten unterdrücken. Die Gärung setzt massiv ein, wird zügig zu Ende geführt und kommt in kürzerer Zeit zur Vollendung – der Jungwein ist fertig.

Dieser Wein wird nicht die schlechten Geschmacks- und

Geruchsstoffe der schädlichen Mikroorganismen aufweisen und ›reintönig‹ schmecken, das heißt in erster Linie, nach dem Hauptton des Fruchtsaftes. Zusammengefaßt sei noch einmal gesagt:

- Grundbedingung für eine ›saubere‹ alkoholische Gärung ist die Unterdrückung aller wilden Hefen und schädlichen Bakterienstämme: man setzt dem Gärgut Reinzuchthefe zu.

Einleitung der Gärung bei Fruchtsaft

Wer einen guten Saft hat und diesen zu einem ebenso guten Wein verarbeiten möchte, besorgt sich die Reinzuchthefe am besten schon vor dem Auspressen der Früchte, um bereits vor Beginn der Gärung einen sogenannten ›Gärstarter‹ anzusetzen. Das ist ein Liter Fruchtsaft, entweder aus eigener Pressung oder im Laden gekauft (letzterer ist allerdings pasteurisiert, also frei von allen möglichen, vor allem schädlichen Keimen).

Der Fruchtsaft wird in einer großen Flasche mit der Reinzuchthefe vermischt. Flüssige Reinzuchthefen sind in der Drogerie erhältlich. Es gibt sie, wie schon gesagt, in bestimmten Rassen, die auf die jeweiligen Obstsorten abgestimmt sind, z. B. solche, die sich besonders gut für Apfelwein oder für Johannisbeerwein eignen.

Wer in Weinanbaugebieten wohnt, kauft sich pulverförmige Reinzuchthefen, die ebenfalls im Anstellmost (Gärstarter) aufgelöst werden. Diese Hefen gibt es allerdings nur in größeren Mengen; etwa 250-Gramm- oder Pfundpackungen. Für kleinere Weinmengen benötigt man natürlich nur einige Gramm (bei normalen Gärtemperaturen etwa 10 g auf 100 l). Die nicht verbrauchte Trockenhefe wird gut verschlossen und bis zum nächsten Verbrauchstermin im Tiefkühlfach des Kühlschranks gelagert (haltbar etwa ein bis maximal zwei Jahre).

Die bis zu dreiviertel gefüllte Flasche wird mit einem Wattebausch verschlossen und an einen warmen Ort (25° C) gestellt. Von Zeit zu Zeit wird die Flasche geschwenkt, aber so, daß die Flüssigkeit den Wattebausch nicht benetzt. Dadurch werden die am Boden liegenden und noch nicht aktivierten Hefezellen hochgerissen und zum Gären angeregt.

Der Gärstarter beginnt sich manchmal schon nach einigen Stunden, spätestens aber nach ein bis zwei Tagen, zu bewegen, Schaum bildet sich, der Saft wird trübe – wie beschrieben – und wenn man an dem Wattebausch riecht, bemerkt man einen beißenden Geruch: das Kohlensäuregas, das die Hefen dem Zucker abspalten (der Alkohol bleibt gottlob im werdenden Wein!) tritt aus.

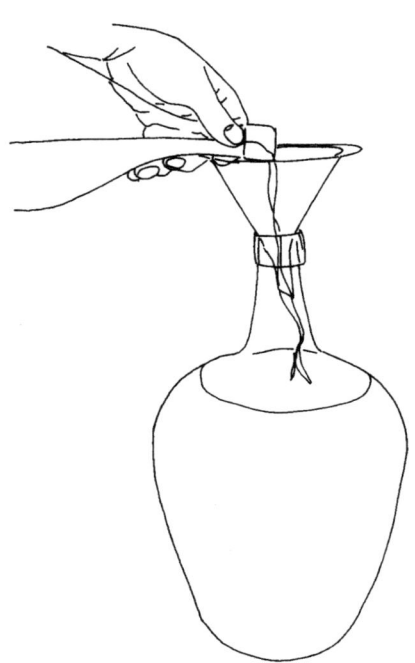

Nach spätestens fünf Tagen haben sich die Reinzuchthefe-
zellen soweit vermehrt, daß man ihnen den gesamten Fruchtsaft ›infizieren‹ kann. Die Zugabe des Gärstarters wirkt ja wie
eine Impfung; nach weiteren drei Tagen hat die stürmische
Gärung im eigentlichen Gärbehälter eingesetzt.

- Um die stürmische Gärung rasch anzufachen, wird die
  Reinzuchthefe in einer kleinen Menge (1–2 l) Fruchtsaft
  ›vorvermehrt‹. Dieser Gärstarter hat dabei die gleiche Funk-
  tion wie das ›Dämpfel‹ beim Hefeteig.

Die Voraussetzungen zur optimalen Gärung im Fruchtsaft

- Die stürmische Gärung setzt um so schneller ein und läuft
  um so heftiger ab und beschleunigt damit positiv den Gärprozeß, wenn die Hefen bei einer optimalen Temperatur ›arbeiten‹ können (15–20° C).
- Wurde der Fruchtsaft etwa mit einer größeren Menge
  Zucker verbessert, so muß die Zuckerwasser/Zuckermostlö-
  sung vollständig im Fruchtsaft aufgelöst sein. Die Hefen
  können den Zucker nicht vergären, wenn er noch in Kristallen am Boden liegt.
- Je höher die Zuckerkonzentration des Fruchtsaftes, also das
  Mostgewicht, desto länger dauert der Gärprozeß. Ein zu
  hoher Zuckergehalt (über 130° Öchsle) läßt die Gärung er-
  sticken oder unvollkommen ausfallen.
- Man erhält einen reintönigeren Wein, wenn der gesamte
  Fruchtsaft nach der Pressung einen Tag lang steht und dann
  von dem bis dahin entstandenen Bodensatz getrennt wird
  (dieses Verfahren nennt man ›Entschleimen‹). Dadurch werden gröbere Trubteilchen und verschiedene Schleimstoffe
  ausgesondert, die nicht nur gärhemmend wirken, sondern

auch einen guten Nährboden für schädliche Mikroorganismen darstellen könnten.

- Vermeiden Sie es, den Fruchtsaft zu sehr mit Wasser zu verdünnen (um etwa eine größere Quantität zu erhalten). Das geht nur bei sehr säurereichen Früchten. Ein nicht ausreichender Säuregehalt des Saftes macht ihn anfällig für schädliche Mikroorganismen …

- Der Gäraufsatz muß dicht schließen, damit das Kohlensäurepolster über dem Gärgut erhalten bleibt.

- Gärgefäß stets nur zu $^4/_5$ füllen. Die Flüssigkeit dehnt sich aus, bildet Schaum (den ›Hut‹) und steigt bis zum Gäraufsatz. Erreicht der gärende, also schäumende Most den Gäraufsatz und schäumt über, so war zuviel Saft im Behälter. Reinigen und abschöpfen (auch mehrfach Federweißen probieren!). Ausgetretener Schaum ist ein idealer Nährboden für schädliche Einflüsse.

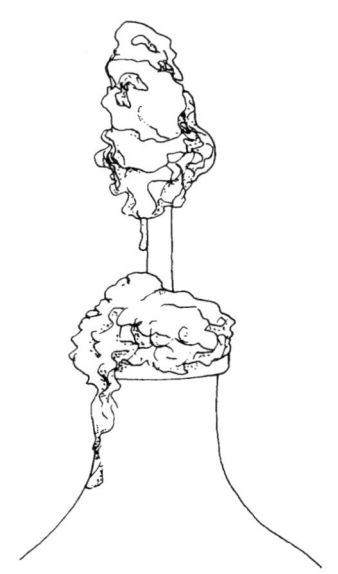

Die Vorgärung der Maische

Bestimmte Trauben- und Obstsorten werden nicht als Saft, sondern als Maische, also in Form von zermahlenen, aber noch nicht abgepreßten Früchten, angegoren.

Das sind zum ersten Rotweintrauben, deren Farbe nur durch eine Maischegärung auf den späteren Wein übertragen wird (die Farbe ist ausschließlich in der Fruchthaut enthalten). Hierzu gehören auch die meisten Beerenfrüchte, die, besonders als hochgradiger Dessertwein, eine schöne starke Farbe aufweisen sollen. Zum anderen gehören auch alle saftarmen Früchte dazu, die erst durch eine Maischegärung eine größere Saftausbeute ermöglichen; zum Beispiel Hagebutten, Speierling, Eberesche, Quitte, Schlehen. Aber auch pektinreiche Früchte, die leicht gelieren und damit den Saft länger festhalten (Johannisbeeren, Stachelbeeren, Zwetschgen, Erdbeeren) gehören in diese Gruppe. Durch die Maischegärung wird das Gärgut entschleimt. Eine noch höhere Saftausbeute kann man durch Zugabe eines Antigeliermittels erreichen (ich habe es jedoch nie einsetzen müssen!).

Weil bei der Maischegärung alle Teile der Frucht angären und ausgelaugt werden, erhält der spätere Wein ein stärkeres Aroma, mehr ›Körper‹, mehr ›Couleur‹ (mehr ›Farbe‹).

Die Maischegärung darf weder zu lange dauern, noch vor lauter Bedenken schon nach kurzer Zeit abgestoppt werden. In den Fruchtteilen, die bei der Pressung abgesondert werden – den Fruchtschalen, den Kernen und den Stielen –, ist im Übermaß Gerbstoff vorhanden, der dem Wein zwar eine bessere Haltbarkeit und Klärung, aber auch eine Art Rauhheit vermittelt.

Die Maischegärung sollte dann abgeschlossen werden, wenn man glaubt, daß der abzupressende Saft in genügender Menge vorhanden ist und eine ausreichende Färbung hat.

Die Maische wird zum Gären entweder in einem Ballon (ab

15 Liter) oder Faß angesetzt (große Einfüllöffnung Voraussetzung) oder in einem anderen weithalsigen, aber ebenso verschließbaren Gefäß. Es gibt (in Holz) spezielle Gärstande, die meines Wissens aber nur mehr gebraucht gekauft werden können und nur schwer zu finden sind. Praktischer sind in diesem Falle, jedenfalls bei größeren Mengen, die 100 Liter fassenden Kunststoffbehälter, die einen abschraubbaren Deckel mit einer Gärstutzenöffnung haben.

Die große Öffnung ist deshalb wichtig, weil der Gärinhalt täglich einmal kräftig umgerührt werden muß. Die Gärung produziert nämlich einen ›Hut‹ auf der Flüssigkeit, der aus Schaum, groben Trubteilchen, Schalen, Stengeln und Kernen besteht und wegen seiner großen Oberfläche einen idealen Nährboden für Essigbakterien und Kahmhefen abgibt.

Die hölzernen Gärstande haben einen durchlöcherten Senkboden, mit dem man diesen Gärhut unter den Flüssigkeitsspiegel drückt.

- Um einen reintönigen Wein zu erhalten, mischt man die Reinzuchthefe beziehungsweise den Gärstarter schon unter die Maische.
- Auch der Maischebehälter sollte mit einem Göraufsatz – mit Wasser gefüllt – versehen sein.
- Die Maische wird nicht angereichert (Zucker, Säure), sondern erst der Most.
- Fruchtmaische, die nicht zur Weinbereitung, sondern zur Branntweinerzeugung dienen soll, darf weder gezuckert noch abgekeltert werden. Sie vergärt gänzlich und wird – so wie sie ist – gebrannt (siehe Seite 131).
- Vorsichtige Weinbereiter geben der Maische, besonders bei voll- oder gar überreifem oder fehlerhaftem Obst, 10 g Kaliumpyrosulfit/100 l zu. Dadurch wird die Gefahr einer wilden Gärung gebannt und die Betätigung anderer, schädlicher Mikroorganismen eingeschränkt. Mit dem Problem des

Schwefelns von Maischen, Mosten und Weinen beschäftige ich mich im folgenden Kapitel.

- Nach einigen Tagen wird die angegorene Maische in den eigentlichen Gärbehälter abgezogen und der Rest, d. h. die zermahlenen Fruchtstückchen, in der Obstpresse abgekeltert.
- Die Mostgewichtsbestimmung muß jedoch auch beim Ansetzen der Maische vorgenommen werden. Denn wenn der schon angegorene Saft gewogen wird, hat sich der Zucker bereits in Alkohol und Kohlensäure verwandelt und die Öchslewaage zeigt Werte an, die man erst wieder zurückrechnen müßte (was hier zu weit führt).

Das Schwefeln von Maische, Most und Wein

Beim Reinigen und Konservieren von Holzfässern wurde schon angedeutet, daß Schwefel ein wirkungsvolles Bakterizid mit langer Tradition ist. Schwefel wird nicht nur als Trocken- oder Naßkonservierungsmittel für die Fässer eingesetzt, sondern auch direkt dem Most, der Maische und dem Wein zugegeben, entweder in Form von Kaliumpyrosulfittabletten, oder, in größeren Weinbaubetrieben direkt als SO_2-Gas.

Nun ist Schwefel, in Form von SO_2 (Schwefeldioxid) oder als Salz der Schwefligen Säure (Sulfit), ›ein gesundheitlich übler Stoff‹, der nicht erst heute von Anhängern des naturnah an- und ausgebauten Weins angegriffen wird. Schon im 15. Jahrhundert wurde das Schwefeln des Weins in Köln verboten, weil es »die Natur des Menschen belästigt und der Trinker in Krankheit gebracht werde«. Wir wissen nicht, welche Mengen die Winzer seinerzeit unter den Wein mischten; heutzutage sind dem Schwefelverbrauch enge Grenzen gesetzt, die allerdings kritischen Winzern als immer noch zu hoch erscheinen. Das vor allem aus einem Grund: geschwefelte Weine haben einen hohen Alkoholgehalt *und* sind süß. Früher konnte man den Wein gar nicht anders als völlig durchgegoren, also trocken und zuckerfrei, herstellen. Je mehr Restsüße jedoch in einem Wein vorhanden ist, desto stärker muß er geschwefelt werden. Aber schon der Saft und die Maische, selbst wenn sie noch nicht angereichert sind, werden geschwefelt. Dadurch hemmt man das Wachstum der Essigsäurebakterien, der wilden Hefen und der Schimmelpilze.

Die Schwefelung des Jungweins (also nach dem ersten Abstich) hemmt die Entwicklung säureabbauender Bakterien und beugt dadurch einem allzu frühen Säureabbau vor (der den Wein schon früh matt und müde und wenig haltbar machen würde!). Ebenso verhindert der Schwefel bestimmte Weinkrankheiten (Essigstich, Milchsäurestich, das ›Mäuseln‹ und das Schleimigwerden).

Es ist müßig, darüber zu streiten, ob Schwefel beim Weinausbau eingesetzt werden darf oder nicht, weil es noch kein Ersatzmittel gibt, das zum einen ebenso wirkungsvoll, aber weniger aggressiv ist. Der konventionelle wie der alternative Winzer wird auf Schwefel nicht verzichten können. Alle vorgeschlagenen Ersatzstoffe erfordern eine so aufwendige Kellertechnik, daß sie nicht einmal von größeren Fachbetrieben eingesetzt werden – wie dann von einem Hobbywinzer?

Das einzige, was wir tun können, ist, den Schwefeleinsatz so gering wie möglich zu halten. Ich habe die in der Fachliteratur vorgeschlagenen Werte schlicht halbiert und dabei über Jahre hinweg keinerlei Einbußen erlebt. Natürlich läßt sich die Vorgabe ›statt 10 g Kaliumpyrosulfit pro 100 Liter Saft/Maische nur 5 g‹ nicht so einfach verallgemeinern. Ein Beispiel aus meiner Praxis: Ich habe einen trockenen Silvaner-Weißwein, der 80° Öchsle wog und 9,5 g Gesamtsäure hatte, trocken ausgebaut, hatte also keinerlei Restzucker und habe kein Gramm Schwefel zugesetzt. Voraussetzung dafür war gesundes und reifes Lesegut, sofortige Abpressung, nach einem Tag Entschleimen, zügige Gärung mit Reinzucht(trocken)hefe, baldiger erster Abstich und Selbstklärung ohne Schönung im Halbstückfaß (600 Liter).

Ein Riesling hingegen, mehr faul als edelfaul und recht reif: Er wurde mit 5 g Kaliumpyrosulfit auf 100 Liter geschwefelt und genauso wie das eben genannte Beispiel behandelt und ergab auch einen trockenen, guten Wein.

Es geht, nur eines darf man nicht erwarten: Solche Weine sollten nicht allzulange gelagert werden, sie sollten, frisch wie sie sind, spätestens nach ein bis zwei Jahren getrunken werden.

Warten wir deshalb vorerst die kellertechnische Entwicklung ab und benutzen weiterhin die einzige Chemikalie wohldosiert und überlegt!

- Nicht gänzlich gesundes Erntegut sollte als Saft oder als Maische vorsichtig geschwefelt werden: 5 g Kaliumpyrosulfit auf 100 l, nur in Extremfällen 10 g.
- Kaliumpyrosulfit behält seine Wirksamkeit am besten in Tablettenform, also nicht als Pulver kaufen. Aber auch diese müssen stets sehr gut verschlossen und trocken gelagert werden. Offene Packungen haben schon nach mehreren Tagen ihre keimhemmende Wirkung verloren. Die Tabletten werden zerstoßen, in Saft aufgelöst und dem Gärgut zugegeben.

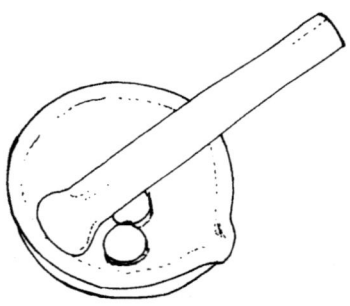

Wenn der Fruchtsaft entschleimt und mit einem voll aktiven Gärstarter mit Reinzuchthefe vermischt wurde, ist die Gärung schon nach ein bis zwei Tagen voll im Gange, wobei auf eine ausreichende Temperatur (nicht unter 15° C, nicht über 25° C) geachtet werden muß. Man hört das Rauschen, und falls die Gärung in einem Glasballon abläuft, sieht man auch die Kohlensäurebläschen hochsteigen. Auf der Gärflüssigkeit bildet sich ein Schaumhut, und bei genauer Betrachtung der Flüssigkeit werden Sie feststellen, daß sie nicht steht, sondern sich vertikal in zwei gegenläufige Kreisbewegungen bewegt, etwa so wie die Horizontale von den beiden Schaumschlägern eines Küchenquirls.

Um dies zu erkennen, braucht man nur ein größeres Trubteilchen zu beobachten: es steigt an der Außenwandung des Glases langsam hoch, treibt zur Mitte, bis es kurz vor der Flüssigkeitsoberfläche angekommen ist und wird dann mit erhöhter Geschwindigkeit nach unten gerissen. So vollzieht sich im Gärgut ein vollkommener Austausch.

Kleinere Gebinde, wie etwa die Glasballons, schwenkt man von Zeit zu Zeit, bei größeren geht das ja nicht, weil sie zu schwer sind. Ohnehin wäre es da nicht nötig, da die erhöhte Gärtemperatur den Bewegungsablauf der Flüssigkeit beschleunigt.

Je niedriger der Zuckergehalt des Fruchtsaftes ist (niedrige Öchslegrade), um so weniger haben die Hefezellen zu tun, und desto schneller ist der Gärprozeß beendet. Man rechnet bei schwachen Tischweinen mit etwa einer Woche, bei kräftigeren Tischweinen (80°) mit vierzehn Tagen und bei Dessertweinen mit einer Gärdauer von mehreren Monaten. Genauere Daten kann man nicht geben, da die Bedingungen in jedem Jahr, in jeder Region und bei jeder Fruchtart, bezüglich deren Vorbehandlung und Verbesserung, unterschiedlich sind.

Das tut auch nichts zur Sache, da die Gärung ohne fremde Hilfe abläuft und auch selbsttätig ihr Ende findet. Nicht umsonst heißt ein geflügeltes Winzerwort: ›Es ist leichter, eine Gärung zu veranlassen als eine zu verhindern!‹ Solange das Wasser der Sperrflüssigkeit im Gäraufsatz gluckert oder der Kunststoffdeckel scheppert, ist die Gärung noch in der ersten, der stürmischen Phase. Währenddessen kann man nichts anderes tun als abzuwarten oder auch zuweilen eine kleine Probe Federweißen zu entnehmen. Immerhin läßt sich da schon ein bißchen herausschmecken, wie der werdende Wein einmal sein wird. Nur die Erfahrung macht ein Urteil möglich: in Büchern läßt sich das schlecht beschreiben!

Das Ende der stürmischen Gärung ist daran zu erkennen, daß das Kohlensäuregas nur mehr träge den Gäraufsatz passiert und nur noch wenig gluckert.

- Folgendes gilt nur für den Hobbywinzer, der einen ganzen Keller voll gärenden Weins hat (wie ich): Die beim Gären entstehenden Kohlensäuregase sind ab einer bestimmten Konzentration hochgiftig! Da sie schwerer als Luft sind, sammeln sie sich am Boden. Liegt der Kellereingang hoch und wird dadurch nur ein minimaler Luftaustausch gewährleistet, so atmet man zwangsläufig das geruchlose, gefährliche Gas ein! Sorgen Sie also für ausreichende Lüftung und zünden Sie vor dem Hinuntergehen in den Keller eine Kerze an. Erlischt sie, muß der Keller augenblicklich verlassen werden. Früher, als die meisten Winzerkeller noch unter der Erde lagen, wurden sie von keinem Weinbauern ohne sein ›Lebenslicht‹ betreten. Wenn die Kerze erlosch, wußte man, was zu tun war.
- Die stürmische Gärung verläuft ohne unsere Hilfe. Der gärende Wein wird sich selbst überlassen.

Ablauf der zweiten Phase: Die stille Gärung

Die stürmische Gärung geht nahtlos in die stille Gärung über; die Hefezellen finden entweder kaum noch Nährstoffe, hungern, zehren von ihrer eigenen Körpersubstanz und sinken anschließend sterbend zu Boden (der Hefetrub, das ›Geläger‹, das Depot, bildet sich) oder sie werden durch ihr eigenes Stoffwechselprodukt, den Alkohol, an einer Weitervermehrung gehindert. Sie sinken ebenfalls zu Boden.

In dieser Phase muß der Wein wieder genauer beobachtet, sollten Proben entnommen und von der Trübungsstärke auf das Fortschreiten der Gärung geschlossen werden (je heller und durchsichtiger die Flüssigkeit, desto weniger Hefeaktivitäten). Der Geschmack läßt erkennen, ob noch Zucker vorhanden ist, der vergoren werden kann (bei nicht allzu stark angereicherten Weinen). Zur Kontrolle wird mit der Mostwaage gemessen. Steht der Flüssigkeitsspiegel im Meßzylinder an der 0-Marke (oder darüber, also im Minusbereich) so kann der Wein als durchgegoren gelten.

Sicherheitshalber wird das Hefegeläger noch einmal aufgerührt, um ihm eine weitere Aktivität zu entlocken. Bewegt sich die Sperrflüssigkeit im Gäraufsatz, so sind die Hefen noch nicht abgestorben. Erst wenn tagelang kein Druck auf die Wassersäule im Glasaufsatz ausgeübt wird oder der Deckel beim Kunststoffaufsatz nicht mehr angehoben ist, ist auch die zweite Phase der Gärung beendet – der erste Abstich naht.

• Die Gärung ist beendet, wenn kein Kohlensäuregas mehr aus dem Gäraufsatz entweicht und wenn die Mostwaage 0° Öchsle anzeigt. Zeigt sie Minuswerte, so ist der Wein ebenfalls durchgegoren: da der im Wein enthaltene Alkohol (etwa 10 % der Menge) leichter ist als Wasser, liegt das spezifische Gewicht des Weins unter dem des Wassers.

Der erste Abstich

Hat sich der Wein beruhigt und die Hefe ihre Tätigkeit vollends eingestellt, so muß der Wein abgestochen (abgezogen), das heißt, von dem Hefesatz getrennt und in einen anderen Gärbehälter abgelassen werden. Vor dem ersten Abstich kann man eine kleine Probe machen: Man füllt eine Flasche mit dem Wein, verkorkt sie gut und stellt sie in einen warmen Raum. Nur wenn der Inhalt nicht erneut zu schäumen beginnt, ist der Gärprozeß beendet.

Der Arbeitsgang des Abstiches ist wie folgt: Neben das Gärgefäß wird ein zweites, ebenso großes Gefäß gestellt, das aber tiefer stehen muß als das erste. Der Wein wird nämlich durch Falldruck abgelassen. Dazu wird in das Gärgefäß ein Probierschlauch oder ein Abfüllschlauch gehängt (siehe Abbildung Seite 108), den man ansaugt. Der so entstehende Unterdruck im Schlauch zieht den Wein hoch und läßt ihn in das zweite Gefäß laufen. Nach dem Absaugen darf natürlich nicht vergessen werden, das Schlauchende auch tief genug in die Öffnung des unten stehenden Gefäßes hineinzuhängen. Achten Sie auch darauf, daß der Schlauch mit seinem Ende im Gärbehälter über dem Hefetrub hängt, damit nur der Wein, nicht aber das Geläger abläuft.

Bei richtiger Arbeitsweise darf also lediglich der jetzt schon einigermaßen ›heile‹ Wein ablaufen. Das zweite Gefäß muß rand- oder (beim Faß) spundvoll sein. Über der Flüssigkeit darf also kein Sauerstoffpolster liegen, denn darin könnten sich die schädlichen Bakterien wieder ausbreiten! Da das erste Gefäß zu $^4/_5$ gefüllt war, muß, wenn das zweite Gefäß ebensogroß ist wie das erste, Füllwein zugegeben werden, der in einem Extragebinde seine Gärung durchlaufen hat.

Größere Weinmengen können allerdings besser mit einer Pumpe umgefüllt werden, aber genauso behutsam wie bei der Absaugmethode, damit möglichst viel von der im Wein gelösten Kohlensäure bleibt und nur wenig Sauerstoff in den Wein gelangt.

- Erst wenn die Gärung tatsächlich und vollständig beendet ist (das kann nach vier Wochen, aber auch erst nach drei Monaten sein: Erfahrungssache!), darf und soll abgestochen werden.
- Der Wein darf nicht stark bewegt und die Hefe nicht aufgerührt werden.
- Die Hefe wird in Flaschen gefüllt und setzt sich dort weiter ab; so kann man den Rest Wein abziehen und zu dem anderen geben (meist noch ein Drittel des Hefegelägers).
- Ist das Lagergefäß des Jungweins gefüllt, wird der Gäraufsatz wieder in die Öffnung gedrückt. Auch jetzt muß der Wein noch vor fremden Einflüssen geschützt werden und ein allmählich entstehendes Kohlensäurepolster zwischen Flüssigkeitsspiegel und Gäraufsatz bleiben.

Bei Holzfässern muß von Zeit zu Zeit Füllwein zugegeben werden, da der Wein durch die Holzwandungen ›schwindet‹. In jedem Fall sollten Sie den Wein jetzt einmal ansehen und probieren.

Je nach Trauben- oder Obstsorte hat der Jungwein eine charakteristische Farbe: Weißer Traubenwein und Apfelwein goldgelb bis leicht grüngelb, roter Traubenwein hellrot (bei Hobbywinzern aber häufig mit kleinem Braunstich!), Johannisbeerwein rubinrot, schwarzer Johannisbeerwein dunkelrot bis schwarz, Erdbeerwein braunrot, Stachelbeerwein orangegelb und, nur um ein letztes Beispiel zu nennen, Holunderwein absolut undurchsichtig, im Prinzip schwarzrot, aber so dick, daß man nur bei Verdünnungen die Farbe erkennen kann. Der Wein wird noch etwas scharf und rauh schmecken, was nicht allein von der Säure und dem nun fehlenden Zucker herrührt, sondern auch von der jetzt gelösten Kohlensäure, die die Frische ausmacht.

Ist der Wein durchgegoren, also kein Dessertwein, wird das erste Gläschen Ihre Geschmacksnerven zusammenziehen und Sie werden sich fragen, ob sich für dieses Aroma die ganze Mühe gelohnt hat. Sie hat, das kann ich Ihnen versichern; das zweite Gläschen und erst das dritte sind um so bekömmlicher. Wenn der Wein seinen optimalen Reifegrad erreicht hat, wird er auch seine Schärfe verloren haben.

Will man eine Messung durchführen, so wird man erneut die Säure messen: die Werte haben sich durch den Säureabbau während der Gärung verringert (meist nach dem ersten Abstich um 1–2 g/l). Den Alkoholgehalt haben wir ja schon bei der Mostgewichtsbestimmung festlegen können, man kann ihn aber auch jetzt noch messen, und zwar mit einem speziellen Gerät, dem ›Vinometer‹ (in Drogerien): Das ist ein kleines mundgeblasenes Glasröhrchen mit einer Kapillare (Haarröhrchen), die so dünn ist, daß eine eingefüllte Flüssigkeit nur ganz langsam durchlaufen kann. Unten hat das Röhrchen eine konisch zulaufende Spitze und oben einen kleinen Einfülltrichter. Da hinein füllt man etwa 1 ccm Wein und wartet, bis der erste Tropfen unten austritt. Dann kippt man den Rest aus und stellt das Röhrchen auf den Kopf. Der Wein in dem Haarröhrchen läuft nun wieder nach unten und bleibt an einer bestimmten Stelle stehen. Auf dem Röhrchen ist eine Meßskala aufgedruckt. Die Zahl, an der der Wein stehenbleibt, zeigt die Volumenprozent Alkohol an: zum Beispiel 8 %.

Genau ist diese (preisgünstige) Vorrichtung nicht, sie funktioniert auch nur bei durchgegorenen Weinen ›richtig‹, weil

Zuckeranteile in der Prüfflüssigkeit die Meßwerte verfälschen. Aber für unsere Messung reicht der Vinometer bei weitem aus.

- Nach dem ersten Abstich werden die einzelnen Werte gemessen (so Meßgeräte vorhanden) und ins Kellerbuch eingetragen, ebenfalls das Datum.

Wichtig ist die Weinprobe, weil nur sie uns den Wein zu beurteilen lehrt, denn Meßwerte an sich sind bedeutungslos und mit unseren Meßmöglichkeiten kann man auch keine Fehler aufspüren! Wenn wir einige Jahre lang den gleichen Wein hergestellt haben, wissen wir, wie ein passabler Jungwein zu schmecken hat!

Der weitere Ausbau des Weins

Wenn der Jungwein während der Lagerung – ob im Glasballon oder im Holzgebinde – ›stabil‹ bleibt, also weder Anzeichen von Krankheiten noch von Behandlungsfehlern erkennen läßt, schreitet der Reifeprozeß im Verlauf des biologischen Säureabbaus und der Selbstklärung seinem ersten Höhepunkt zu. Dieser Vorgang ist dermaßen komplex, daß er selbst mit Hilfe der modernsten biochemischen Analysemethoden noch nicht geklärt werden konnte.

Sichtbar ist nur, daß der Jungwein sich zunehmend aufhellt, ›klärt‹, was auch daran erkennbar ist, daß sich im zweiten Behälter ein erneutes Hefedepot am Boden absetzt.

Schmeckbar ist die erste Reifephase am Nachlassen der Schärfe, des ›Bitzelns‹ auf der Zunge, der Rauhheit. Das Übermaß der Säuren, auch der Kohlensäure, mildert sich; der Jungwein nimmt Sauerstoff auf, in Glas- und Kunststoffbehältern allerdings weniger als im Holzfaß. Deswegen reift ein Wein im Holzfaß rascher (er oxidiert ja!) als in Behältern, die keinen Luftaustausch zulassen.

Aus dem Grunde muß für den lagernden Jungwein im Holzfaß stets ein Füllwein bereitgehalten werden, mit dem man den Schwund ausgleichen kann. Wein in Holzfässern sollte ausschließlich in Kellern mit ausreichender Luftfeuchtigkeit lagern (75 %).

War für die Gärführung eine ›angenehme‹ Temperatur von 15 bis maximal 25° C empfohlen worden, so sollte der Jungwein kühl bis sehr kühl gelagert werden. Wer keinen richtigen Weinkeller besitzt, muß sich den kühlsten Raum in seiner Wohnung aussuchen, oder schlimmstenfalls den Ballon in die Garage stellen. Frost muß natürlich vermieden werden, aber auch mehr als +10, maximal 12° C sind der Selbstklärung des Weins abträglich. Wurde gesundes, vollreifes Erntegut mit ausreichendem Mostgewicht und Säuregehalt abgekeltert und zügig mit Reinzuchthefe angesetzt, so müßte der Wein sich von selbst so weit klären, daß er ›bauernhell‹ wird. Das ist seit der Antike die optimale Klärstufe; erst die Filter- und Separatormethoden der modernen Kellertechnik bringen kristallklare Weine zustande.

Wenn der Wein sich allmählich klärt, nicht wieder angärt (etwa im Frühjahr bei steigenden Temperaturen) und im Geschmack und Geruch annehmbar ist, sollte er zum zweiten Mal abgestochen werden, so daß im dritten Lagerfaß (es kann das erste, also das Gärgefäß sein) kein Trubdepot mehr entsteht. In früheren Zeiten wurde der Wein wesentlich jünger, wenn nicht sogar bis zum Endverbrauch, im Faß gelassen. Da wurde im ersten Jahr dreimal, im zweiten zweimal und im dritten Jahr einmal abgestochen, aber immer in der kühlen Jahreszeit.

Wir aber werden unsere Hobbyweine nicht allzulange en bloc lagern, weder im Glasballon noch im Holzfaß. Spätestens nach dem zweiten Abstich, der meist zwischen Januar und April des Folgejahres (nach der Gärung) vorgenommen wird, kann man den Wein auf Flaschen abfüllen. Der Reifeprozeß ist damit allerdings noch nicht beendet; denn auch in der Flasche baut der Wein sich weiter aus: er reift, er erreicht seinen Höhepunkt, er altert, bis er schließlich an Wert verliert und letztendlich nicht mehr schmeckt. Das ist der Werdegang eines jeden Weins; denn er ist eine lebende Flüssigkeit. Wie aber der Reifeprozeß abläuft, wann er seinen Höhepunkt erreicht und wann er beginnt an Qualität zu ›verlieren‹, ist von Sorte zu Sorte, von Jahrgang zu Jahrgang und von den Behandlungsmethoden her unterschiedlich. Regeln lassen sich nicht aufstellen, weder bei den Spitzenweinen erster Rebsorten und anerkannter Weingüter, noch bei unseren eigenen Produkten.

- Ein gesunder Jungwein ›baut sich selber aus‹, wie der Winzer sagt. Tut er das nicht, so muß nachgeholfen werden. (Vergleichen Sie auch: ›Behandlungsfehler und Krankheiten‹, Seite 111.)

- Voraussetzung dazu ist Ruhe, Kälte (8–10° C) und Dunkelheit (keine Sonneneinstrahlung).

- Der Wein wird mehrfach abgezogen und die Depots entfernt, damit der Wein ›still‹ von einem in den anderen Behälter gelangt. Ob mit einem Mundschlauch oder der Pumpe; beide Schlauchenden werden bis fast zum Boden des jeweiligen Gefäßes eingehängt, damit der Wein behutsam umgefüllt werden kann. So wird eine größere Sauerstoffaufnahme unterbunden.

- Ganz Vorsichtige schwefeln den Wein erneut (5 g/100 l), um zu schnellerer Klärung zu kommen und um ihn widerstandsfähiger zu machen.

- Im Fachbetrieb wird natürlich (neben vielen anderen Behandlungen) gefiltert, manche Hobbywinzer tun das auch. Um aber effektive Ergebnisse zu erhalten, braucht man einen Filterapparat, dessen Einsatz sich in der Kleinproduktion nicht lohnt.
Eine Filtration durch Papierfilter ist sinnlos, denn die fein-

sten Trubteilchen, die obendrein noch durch elektrische Ladung gebunden sind, werden auch bei dieser Methode nicht erfaßt.

• Nach dem zweiten, spätestens dem dritten Abstich sollte der geklärte und schon rund und harmonisch schmeckende Wein auf Flaschen gefüllt werden. Faustregel: Je alkohol- und säurereicher, desto später wird er in Flaschen gefüllt. Diese Weine können länger lagern und sind nicht so anfällig gegen Oxidation und Krankheiten wie schwache und fade Weine, die am besten bis zum Sommer des Folgejahres getrunken werden: den steigenden Temperaturen hält ein alkoholarmer Wein nicht stand!

Das Abfüllen des Weins

Wenn der Wein glanzhell ist und sich äußerlich nicht mehr verändert, weder erneut zu gären beginnt noch auf Krankheiten schließen läßt, strebt er unaufhaltsam dem höchsten Reifegrad zu: er sollte abgefüllt werden.

Dazu können alle möglichen Flaschen verwendet werden: Weinflaschen mit Naturkorkverschluß, Euroflaschen mit Kronkorken oder Flaschen mit Kunststoffkappen. Ich habe Sprudelflaschen mit Alukappe voll Apfelwein gefüllt, ja selbst Bierflaschen, und diese mit Kronkorken verschlossen. Das hatte den Vorteil, daß nicht gar so viel Wein getrunken wurde. Merkwürdigerweise wird ja stets *eine* Flasche geleert, und da tut es mitunter gut, statt einer Literflasche nur einen halben Liter zu trinken.

Bei kleineren Mengen genügt zum Abfüllen der kleine Mundschlauch, mit dem der Wein auch abgestochen wurde. Bei größeren Mengen kann man sich ein Füllset zulegen, das sehr praktisch ist und auch nicht viel kostet (siehe Abbildung Seite 108).

Ein ›Füllset‹ besteht aus einem Schlauch, dessen eines, mit einem Verschlußstutzen versehenes Ende in den Lagerbehälter gehängt wird. So entsteht im Faß oder Ballon ein Unterdruck. Am anderen Ende des Schlauches, dem Füllende, ist eine ›Pistole‹ angeschraubt. Diese Pistole ist mit einem winzigen Filterchen und einem Federverschluß versehen, der sich nur öffnet, wenn die Füllöffnung auf eine Flaschenöffnung gedrückt wird. Auf die Pistole wird ein kleiner, zusammenpreßbarer Druckbehälter geschraubt, dessen Saugmechanik den Wein in den Schlauch zieht. So kann Flasche um Flasche gefüllt werden – aber auch bei einer Unterbrechung des Abfüllens bleibt der Druck bestehen.

Die auf der Rückseite des Umschlags abgebildete Methode eignet sich nicht zur Flaschenfüllung. Sie ist zu umständlich und zu unsauber. Der Wein sollte nur dann durch einen Holzhahn entnommen werden, wenn man ein Faß in kurzer Zeit leeren will, etwa auf einem Fest. So hübsch und nostalgisch es aussieht, der Spund mit dem Hahn ist ein idealer Sammlungspunkt für schädliche Bakterien.

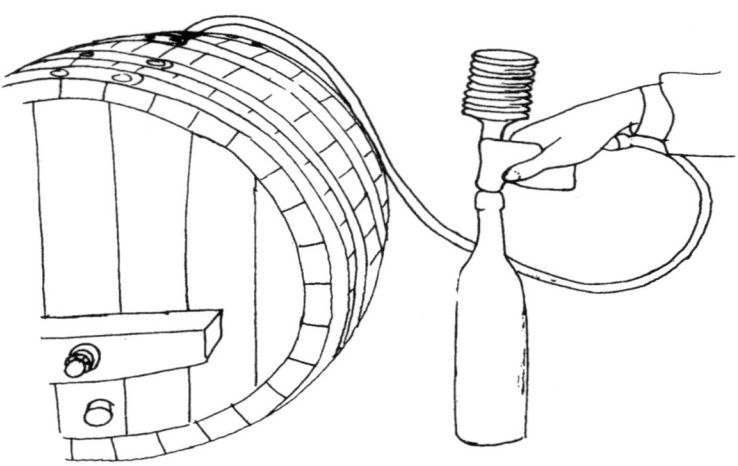

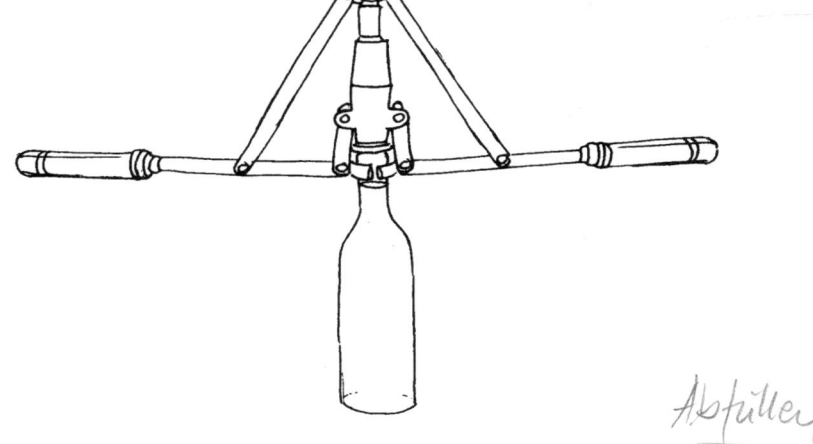

Abfüllen

Es ist wohl überflüssig, noch einmal darauf hinzuweisen, daß die Flaschen gründlich gesäubert und mit klarem Wasser ausgeschwenkt werden müssen, bevor man sie füllt. Ich habe sie zusätzlich in meinem Backofen bei 100° C sterilisiert, in dem ich die Bratröhre mit aufeinanderliegenden Flaschen füllte (es gingen pro Partie 25 hinein), und bisher keinen einzigen Irrläufer gehabt.

Anschließend wird sofort verkorkt. Am besten geht das zu zweit. Einer füllt und der andere verschließt die volle Flasche sogleich.

Naturkorken (für Weinflaschen) werden einen Tag zuvor gewässert und eventuell in einer Lösung von Kaliumpyrosulfit mit Zitronensäure desinfiziert (auf 1 l Wasser 2 Tabletten und 2 g Zitronensäure). Verwenden Sie niemals gebrauchte Korken; sie sind *immer* mit schädlichen Keimen behaftet, vor allem innen in dem Schneckengang, den der Korkenzieher hinterlassen hat.

Zum Verkorken gibt es kleine Handverkorker aus Holz, die allerdings Muskelkraft erfordern, was einen angesichts einer noch zu schließenden Flaschenbatterie leicht verzagen läßt.

Praktischer (aber auch teurer) ist ein Handverkorker (siehe Abbildung Seite 109), der den Korken mit Hebelwirkung in die Flaschenöffnung treibt.

Kronkorkenverschlüsse werden mit einem speziellen Verkorker aufgebracht, der ebenfalls mit Hebelwirkung arbeitet.

Mit Naturkork verschlossene Flaschen werden liegend, andere stehend aufbewahrt. Kork muß stets von Flüssigkeit benetzt werden, um seine Elastizität zu bewahren und um dem Wein Sauerstoff in feinster Dosierung zukommen zu lassen. Das läßt den Wein weiter reifen, ein Oxidationsvorgang, den man »Alterung bis zur ›Firne‹« nennt.

Wird der Flaschenwein gelagert, baut er sich noch weiter aus, vorausgesetzt natürlich, daß er vollkommen gesund ist und über genügend Alkohol und Säure verfügt. Schwache Weine sind schon nach einigen Monaten reif und können bei längerer Lagerung nur Schaden nehmen. ›Körperreiche‹ Weine hingegen läßt man Jahre lagern (falls man soviel Geduld hat!). Das mögen gute Traubenweine sein oder auch schwere Dessertweine: besonders Schlehenweine oder Weine aus schwarzen Johannisbeeren gewinnen im Laufe der Zeit südweinähnlichen Charakter.

- Der Reifeprozeß ist vom Lagerbehälter und von der Qualität des Weins abhängig. Je körper- und alkoholreicher, desto länger läßt man ihn lagern und sich ausbauen. Schwache Weine werden zügig vom Faß weggetrunken oder frühzeitig auf Flaschen gefüllt (meist um Weihnachten). Schwerere Weine werden entweder noch im Faß belassen und weiterhin abgestochen (dreimal im ersten Jahr), oder vor Beginn der warmen Jahreszeit auf Flaschen gefüllt.

- Den Wein zum Füllen mit dem Schlauch ›still abziehen‹, damit er möglichst wenig Sauerstoff aufnehmen kann. Stets saubere Flaschen benutzen, nach Möglichkeit sterilisieren.
- Mit Naturkorken verschlossene Flaschen liegend aufbewahren, und den Korken feucht und damit dicht halten; mit Kunststoff oder Kronkorken verschlossene Flaschen stehend aufbewahren, weil sie nie gänzlich abdichten und der Wein ausfließen könnte.

Wenn der Wein nicht so ist, wie er sein sollte: Behandlungsfehler und Krankheiten

Jeder Wein hat seine Eigenart und besitzt durchaus etwas Individuelles; Charakter und Einflüsse, auch die stets wechselnden Gegebenheiten, lassen Jahr für Jahr etwas anderes in dem Faß oder der Flasche ›heranwachsen‹. Bisher bin ich vom Idealfall ausgegangen und habe das Werden eines Weins beschrieben, wie er sein und sich entwickeln sollte. Aber zuweilen unterlaufen einem Dinge, die den Ablauf des Ausbaus so beeinflussen können, daß man ratlos an seinem Probegläschen nippt und murmelt: »Was habe ich nur falsch gemacht?« und »Wie bringe ich das wieder hin?« Mit dieser Möglichkeit sollte man stets rechnen, und wer behauptet, in seinem Keller geschähen keine Unregelmäßigkeiten, der hat noch nie Wein hergestellt. Wie gesagt, Wein ist ein lebendiges Wesen, und Leben ist Bewegung und Veränderung: es ›verhält‹ sich und teilt uns dabei fortwährend mit, wie sein Zustand gerade ist.

Falls der Fruchtsaft nicht gären will

Wurde ein Fruchtsaft wegen seines übermäßigen Säuregehalts (zum Beispiel Johannisbeeren) stark mit Wasser verdünnt und zu wenig mit Zucker verbessert, kann die Reinzuchthefe unter Nährstoffmangel leiden. In diesem Fall muß das Mostgewicht überprüft und gegebenenfalls Hefenährsalz beigegeben (20 g/100 l) werden, etwa NH_4SO_4 = Ammoniumsulfat oder $(NH_4)_3PO_4$ = Ammoniumphosphat. Das sind Stickstoffverbindungen, die in ausreichend ›starkem‹ Fruchtsaft (in der Drogerie) erhältlich, enthalten sind.

Streng genommen darf dieser Fehler ausschließlich bei Heidel- und Preiselbeeren vorkommen, da nur sie ein Defizit an diesen Stickstoffverbindungen aufweisen.

Die Gärung kann nur schleppend beginnen, wenn ein mit Schwefel konserviertes Gärgefäß benutzt wird, das vor dem Gebrauch nicht ausreichend mit Wasser ausgeschwenkt wurde.

Bei zu niedriger Temperatur (unter 10° C) muß dem Gärprozeß nachgeholfen werden. Entweder den Raum erwärmen oder eine Teilmenge des Fruchtsaftes erhitzen und mit dem Rest vermischen.

Bei ungünstigen Verhältnissen stets Kaltgärhefe zusetzen.

- Gärung kann sich verzögern:
  - bei Nährstoffmangel der Hefe,
  - bei zuviel Schwefel,
  - bei zu niedriger Temperatur,

  aber auch bei zu klarem Fruchtsaft (wenn beim Entschleimen zu viele Trubteilchen gefiltert wurden) und bei mangelnder Auflösung des Zuckers, der nun mit der Reinzuchthefe in Kristallen am Boden des Gärgefäßes liegt.

Falls der Jungwein sich nicht selbst klären will

Fruchtsäfte, die ein Mindestmostgewicht nicht unterschreiten (etwa 60° Öchsle) und über eine ausreichende Gesamtsäure verfügen (6–9 g/l), werden sich stets problemlos ›bauernhell‹ klären.

Schlehen, aber auch rote Trauben und einige Birnensorten haben zuviel Gerbstoff (den wir mit unseren Hobbymethoden nicht analysieren können), der beim Jungwein eine Trübung verursachen kann. Er wird durch eine Schönung mit Gelatine und Hühnereiweiß beseitigt.

Es können aber auch fehlende Gerbstoffe sein, die einen Wein an der Selbstklärung hindern. Solche Weine werden mit Hausenblase geschönt.

Andere Schleimstoffe, etwa bei Hagebutten- und auch Stachelbeerweinen, werden mit Tannin, Kieselsol, Bentonit oder Agar–Agar geschönt.

Es ist eine schwierige Aufgabe, einen Wein zu schönen, weil man die Ursache genau kennen muß und auch die Menge, die man schönen will.

Da, wie gesagt, derartige Mängel selten vorkommen, vor allem nicht, wenn nach Rezept gearbeitet wurde, soll hier nicht weiter darauf eingegangen werden. Ich empfehle, in einem solchen Fall eine kleine Probe (etwa einen halben Liter) an das Weinlabor der Hefereinzuchtanstalt Paul Arauner KG in 97318 Kitzingen zu schicken und dazu die genaue Weinmenge und Ihren Absender anzugeben. Gegen eine kleine Gebühr unterrichtet das Labor Sie über die erforderlichen Schönungsmittel und schickt Ihnen eine Gebrauchsanleitung. In jedem Falle ist diese kleine Ausgabe billiger als das vergebliche Experimentieren nach Pauschalregeln, wie etwa ein Buch sie geben kann.

Falls die Farbe und Qualität des Weins sich verändert

Wenn ständig nach den Mindestanforderungen gearbeitet würde, gäbe es kaum Krankheiten bei Weinen.

Aber häufig wird der Wein zu sehr verdünnt, das Mostgewicht zu niedrig belassen und nicht auf Säuremangel geachtet. Wer seine Mahl- und Preßgeräte nicht richtig pflegt und den Wein mit Eisenteilen in Berührung bringt, muß sich nicht wundern, wenn der Wein im Glas eine schwärzliche Farbe annimmt.

Wird der Wein im Glas aber braun oder rot, so hat der Hobby-Kellermeister zuviel faules Obst zermahlen und es nicht aussortiert.

Ein schimmliges Faß wird auch den Wein nach Schimmel schmecken lassen; krankes Erntegut wird seinen Geschmack unfehlbar dem empfindlichen Wein mitteilen.

War der Göraufsatz nicht fest genug montiert, konnte also Luft mit all ihren Mikroorganismen eindringen, kann der Wein zäh und schleimig oder auch kahmig werden. Im ersten Fall waren dann die Schleimhefen am Werk, im letzteren die Kahmhefen. Sie brauchen für ihre Entwicklung Sauerstoff.

Umsichtige lassen in ihrem Keller oder Gärraum ausschließlich Wein vergären. Wer neben seinen Wein ein Sauerkrautfaß oder eingelegte Bohnen stellt, kann deren Geschmack unter Umständen in seinem Wein wiederfinden – den Milchsäurestich. Im Sauerkraut läuft zwar auch eine Gärung ab; sie sollte aber für sich bleiben, ebenso der Wein.

Alle diese Fehler sind unter Umständen zu beheben, nur einer nicht: der Essigstich. Waren die Maische und der Saft sowie der spätere Wein nicht absolut verschlossen, so kann die Essigfliege ihre Bakterien übertragen haben. Essigstichiger Most oder Wein ist nicht mehr genießbar.

- Wenn gesunder Saft von gesunden, vollreifen Früchten abgepreßt wurde und die Mindestwerte an Zucker- und Säuregehalt eingehalten wurden, wenn blitzsaubere Kelter, Gär- und Lagergefäße benutzt wurden und wenn der Saft und der Wein unabhängig von den Einflüssen der Kellerluft haben ausreifen können, so wird der Wein gesund und trinkbar sein.

Ist das nicht der Fall, wenden Sie sich bitte an die auf Seite 113 angegebene Adresse.

Gesammelte Weinrezepte

Bisher wurde stets von ›Wein‹ gesprochen, als gäbe es nur eine Sorte und eine Herstellungsart. Das trifft beileibe nicht zu; aber ich wollte pauschal alle einzelnen Arbeitsgänge beschreiben, ohne ständig auf die Besonderheiten dieser oder jener Obstsorte hinweisen zu müssen. Hier folgen nun die Vorschläge, die auf den spezifischen Fruchtsaft abgestimmt sind. Dabei werden nur die Eigenheiten vermerkt, damit der Hobbywinzer durch etwa festgelegte Allgemeinangaben in seiner Experimentierfreude nicht eingeschränkt wird. Wein herzustellen wird immer ein Experiment bleiben, weil der natürliche Umwandlungsprozeß von Saft in Wein von sehr vielen, meist unberechenbaren Komponenten abhängt. Dieser Unsicherheitsfaktor erhöht zwar nicht die Gefahr, daß ein Wein mißlingt, bedeutet jedoch, daß er jedes Jahr aufs neue einen völlig anderen Charakter zeigt. Selbst wenn man nach jeder Ernte die gleichen Zutaten, die gleichen Mengen unter den (scheinbar!) gleichen Bedingungen einsetzt, wird man Überraschungen erleben. Das läßt sich am besten nachvollziehen, wenn die wichtigsten Daten zur Weinbereitung festgehalten werden, am besten zunächst in ein Schreibheft, das als Vorlage für ein späteres ›Kellerbuch‹ dienen mag.

Unter dem jeweiligen Rezept eines Weins werden die Besonderheiten vermerkt, hier erst mal für drei Jahrgänge, damit man seine Erfahrungen mit dem Wein ›messen‹ kann. Denn die Überprüfung gewisser ›Tatbestände‹ schließt manchen Fehler aus.

Wein aus weißen Trauben
(gleich welcher Sorte)

Trauben keltern oder Lesegut/Most kaufen, Mostgewicht feststellen (normalerweise 70–80° Ö), nur bei niedrigeren Werten verbessern, sonst naturrein ausbauen; Gesamtsäure (selten unter 9 g/l) messen; Traubensaft 24 Stunden stehenlassen, dann erst ins Gärgefäß abziehen, Bodensatz zurücklassen (= Entschleimen), nicht filtern; je nach Güte des Lesegutes (faul?) schwefeln mit maximal 10 g Kaliumpyrosulfit; gären lassen, nach stürmischer Gärung Füllwein zugeben (spundvoll), meist nach 4 Wochen 1. Abstich; 2. Abstich nicht vor Januar; vor Mai abfüllen.

Kellerbuchführung:	1995	1996	1997
Traubensorte:			
Tag der Pressung:			
Gewicht der Früchte:			
Gewicht des Saftes:			
Mostgewicht:			
Gesamtsäure:			
Anreicherung:			
Schwefelung:			
Reinzuchtheferasse:			
Wann angesetzt:			
Wann dem Saft zugegeben:			
Wann Einsetzen der Gärung:			
Maischegärung:			
Wie lange:			
Ende der stürmischen Gärung:			
1. Abstich:			
Gefiltert:			
Geschönt mit:			
2. Abstich:			
Abfüllung:			
Allgemeine Beurteilung:			

(Diese Daten im folgenden bei allen Weinsorten setzen!)

Wein aus roten Trauben (alle Sorten)

Mostgewicht feststellen, Gesamtsäure; vor dem Pressen Maischegärung durchführen, anreichern auf mindestens 80° Ö; angereicherten Saft durchgären lassen, alles weiter wie bei Weißwein.

Kellerbuchführung:	1995	1996	1997
Traubensorte:			
Tag der Pressung:			
Gewicht der Früchte:			
Gewicht des Saftes:			
Mostgewicht:			
Gesamtsäure:			
Anreicherung:			
Schwefelung:			
Reinzuchtheferasse:			
Wann angesetzt:			
Wann dem Saft zugegeben:			
Wann Einsetzen der Gärung:			
Maischegärung:			
Wie lange:			
Ende der stürmischen Gärung:			
1. Abstich:			
Gefiltert:			
Geschönt mit:			
2. Abstich:			
Abfüllung:			
Allgemeine Beurteilung:			

Wein – naturrein, verbessert = verfälscht?

Hier, zu Beginn des Rezeptteils, möchte ich in Kürze auf die Wahrheit und Klarheit des Weins eingehen: ›in vino veritas‹! Es wurde in diesem Buch schon etliche Male von naturreinem, angereichertem, verbessertem, trockenem oder auch von Dessert-Wein gesprochen. Der Leser könnte meinen, ›ehrlicher‹

Wein müsse nun mal ohne jeden Zusatz hergestellt sein; alles andere sei Schönfärberei oder auch schlicht ›Betrug‹. Und: das sei immer so gewesen.

Das ist jedoch ein Irrtum. Unverfälschte Weine, also lediglich der durchgegorene Saft von Weintrauben, waren stets die Ausnahme, ob nun im antiken Griechenland, im alten Rom, im Mittelalter oder im 18. Jahrhundert: Die Weine wurden fast ausnahmslos verbessert (mit Honig, später mit Zucker, mit eingedicktem Trauben-Sirup) oder geschmacklich verändert (durch Zugabe von Essenzen und Gewürzen). Erst seit dem letzten Jahrhundert, als die Weingesetzgebung entstand, ist diese Weinbehandlung zum Problem geworden. Schon immer hat der Winzer nach Möglichkeiten gesucht, um seinen Wein zu verbessern, schmackhafter und alkoholreicher (= lagerfähiger!) zu machen. Nicht nur im klimatisch ungünstigen Deutschland war und ist das so, sondern auch in Chianti oder in Bordeaux.

Wie die Weinherstellung früher gehandhabt wurde, zeigen die folgenden ›Rezepte‹: erlaubt war alles! Beginnen wir mit der Anleitung zum Weinherstellen aus dem Buch über Landwirtschaft, Catos ›Landbau‹ aus dem zweiten vorchristlichen Jahrhundert:

Wie man griechischen Wein macht

Griechischer Wein (eine römische Imitation also!) muß folgendermaßen gemacht werden: Durchgereifte Apicische Trauben laß sorgsam lesen; wenn du sie gelesen hast, gieße auf je einen Culleus (= 525 l) des Mostes davon 2 Quadrantal (= 52 l) längere Zeit stehengebliebenen Meerwassers (!) oder einen Scheffel (= 8,7 l) reines Salz. Hänge es in einem Körbchen darin auf und laß es sich im Most auflösen. Wenn du Schillerwein (Weißherbst/Rosé) machen willst, so gib die Hälfte vom gelben, die Hälfte vom Apicischen Wein ins Faß und gieße den dreißigsten Teil von altem eingekochten Most hinzu. Zu jedweder Weinmischung mit Weinsirup mußt du den dreißigsten Teil von eingekochtem Most dazugeben.

Man kann nun bei dem Gedanken an diese Brühe nur den Kopf schütteln. Dieser Rezeptvorschlag ist aber kein Einzelfall aus archaischer Zeit; hier folgen einige Vorschläge aus dem 18. Jahrhundert, die ein Freund besonders blumiger Weine empfiehlt (›Wein-Artzt‹ von 1753):

Muscateller-Wein zu machen

Nehmet in ein halb Fuderich (450 l) Faß 4 Loth weißen Ingwer, 4 Loth langen Pfeffer, 2 Loth Muscaten, 2 Loth Nelcken, 2 Loth Calmus, den schneide klein, mache ein Säcklein, thue die Materie darein, binde es feste zu mit einer Schnur, nehmet ein reines Glaß, thut das Säcklein darein, und thut darauf guten gebrannten Wein, daß er über das Säcklein gehet, machet es feste zu, daß kein Dampf davon kommt, laßt es stehen 2. Tage und 3. Nacht, darnach bindet das Säcklein an eine lange Schnur, hänget es in das Faß, daß es um ein quer Hand von dem Boden sey, hänget die Schnure daran, daß ihr das Säcklein wieder heraus ziehen könnet, wenn ihr wollet, spündet das Faß 2. Tage und 3. Nächte feste zu, so gewinnet der Wein einen guten Geschmack, darauf spündet das Faß zu, ziehet das Säcklein heraus, trucket es wohl aus, so laufft der Geschmack in den Wein, auch laßt es wieder hinein, so schmecket der Wein gar wohl, auch mögt ihr das Säcklein in ein ander Faß hängen, es bleibet gut.

Item:

Man muß nehmen einen Theil der Blüthe, mitsamt den Gipfeln, und obersten Spitzlein von dem Kraut Basilicum genennet, so man will, kan man auch das Kraut nehmen, Holder-Blüthe zwey Theil, beederley gedörret, drey Theil gestossenen Coriander-Saamen, dieses alles zusammen in ein leinen Säcklein gethan, welches durch das Spund-Loch des Fasses gehen könne, dieses Säcklein in den Wein gehangen, daß es bis in die Mitte des Fasses komme, und lasse es also mit einem Faden angebunden 10 Tage lang in dem Most, bis er vergohren, hängen, man muß aber in währender Zeit das Faß zuhalten, und nicht öffnen, als nur ein Löchlein durch den Spund bohren, und durch ein Wachholder-Röhrchen, welches in das Loch gestochen werden muß, vergähren lassen, auch nichts davon zapfen, bis er klar worden, nach verflossenen 10. Tagen, oder wann der Most abgegohren und klar worden ist, nehmt man das Säcklein mit den Specibus wieder heraus, so hat man einen guten Muscateller-Wein. Dieses Secret kommt aus Italien, und ist solches offt probiret, es muß aber bey uns im Herbst geschehen, und mit frischem Most präpariret werden, in Italien aber, wo es süsse Weine giebet, kan es allezeit geschehen.

Maulbeer-Wein zu machen

Drücket oder quetschet Maul-Beeren durch ein rein Tüchlein, daß der Saft recht heraus gehet, und das Tüchlein recht roth wird, leget das Tüchlein 3. oder 4. Tage in den Wein, so wird er roth.

Francken-Wein zu machen

Hänget in ein Fuder 8. Loth Zimmet-Rinden gestossen, so viel Zucker, und so viel gefeilt Hirschhorn, es wird in 7. Tagen kräfftig und gut.

Brombeer-Wein zu machen

Nehmet ein Maß Honig, und Brombeeren 5. Maaß, das mischt und temperiret wohl durcheinander, danach so thut 6. mahl so viel Weins dazu, thut es zum Feuer, laßt es wohl sieden, schaumet und setzet es abe, seigets durch ein Tuch, und laßt es gähren, darnach so thut es wiederum zum Feuer, laßt es sieden, schäumet und giesset es in ein rein Fäßlein, laßt es gähren, und wenn ihr davon trincken wollt, so versucht ihn, daß er nicht zu starck sey, und wenn er zu starck ist, so nehmet zu einem Glaß voll zwey Gläser Wein, nichts darunter, so habt ihr einen guten Tranck.

Moseler-Wein zu machen

Lasset das Faß, so ihr darzu widmen wollet, mit wohl gedörreten Holder-Beeren stark ausbrühen, alsdann thut sogleich Wein drein, und lasset ihn mit Scharlach vergähren, so wird er recht gut, und dem Moseler natürlich (!) gleich.

Malvasier zu machen

Man nehmt Bisem, Paradiß-Holtz, Galgant-Wurtzel, Muscaten-Blumen, jedes ein Quintlein, Zimmet, Cardamomum, Negelein, jedes 2. Quintlein, Zuckercandi 1. Loth, alles gröblich zerstossen, und in ein höltzern Gefäß gethan, hernach von dem besten Brandtewein daraufgegossen, und das Gefäße wohl vermacht, daß die Krafft nicht heraus gehe, laß es 24. Stunden also stehen, und thue nachmahlen die beschriebene Species in ein leinen Säcklein, und hänge es mit einem Faden mitten in den Wein, drey oder vier Tage lang, hernach nehm das Säcklein wieder heraus, so wird man einen natürlichen Malvasier haben.

Und zu guter Letzt:

Einem Wein allerley Geschmack wie man will, zu geben ist für die Weinschencken, die nicht viel Wein im Keller haben. Man soll Kräuter oder Species, was man will, jedes absonderlich einen Tag und Nacht in guten Brandtewein hängen, daß die Krafft desselben Krautes sich in den Brandtewein ziehe, gieß es hernach jedes in à parte Gläßlein, so kanst du hernach in jeden Schoppen etliche Tropffen tröpffeln. Probatum.

So und ähnlich geht das seitenlang weiter, wer's nachmachen möchte, solls tun, für die anderen sind die folgenden – neuzeitlichen – Rezepte, die ohne geliehenen Charakter auskommen:

Wein aus Kernobst

Apfelwein (trocken ausgebaut)

Mostgewicht auf mindestens 60° Ö einstellen (notfalls nachzuckern), Säure abstimmen. Nicht mit Wasser verdünnen (wie in Württemberg üblich), lieber später den fertigen Wein ›spritzen‹ (mit Mineralwasser). Alle Arbeitsgänge wie beschrieben.

Apfelwein als Dessertwein

Mostgewicht auf mindestens 100° Ö einstellen, anreichern, wegen ausgewogenem Säureverhältnis evtl. verschneiden. Für höhere Gärtemperatur sorgen (mindestens 20°), sich auf lange Gärzeit einrichten, sie kann bis zum Frühjahr dauern; häufig Gärgefäß bewegen, um die Hefe immer erneut zur Aktivität anzuregen. Nach vollkommenem Abschluß der Gärung und Klärung evtl. ganz leicht nachsüßen (sonst schmeckt der Wein zu ›hart‹).

Birnenwein

Mostgewicht auf mindestens 60° Ö einstellen, nötigenfalls verbessern, Gesamtsäure überprüfen (mindestens 7 g/l); wegen der

Empfindlichkeit von Birnenwein mit 10 g/100 l Kaliumpyrosulfit schwefeln; zeitig von der Hefe lassen (1. Abstich); kühl lagern und bald verbrauchen.

Quittenwein

Quitten werden gewöhnlich Äpfeln beigemischt, da sie gerbsäurehaltig und hocharomatisch sind. Eigens werden Quitten nur als Dessertwein ausgebaut. Dazu muß, um den Gerbsäureanteil herabzusetzen, Wasser zugegeben werden (auf 1 l Saft 500 g Wasser), dazu 500 g Zucker. Um eine höhere Bukettausbeute zu bekommen, vor der Zugabe von Wasser den Zucker 2 Tage auf der Maische liegenlassen, erst dann abpressen, Gesamtsäure messen, dann den Saft wie gewöhnlich durchgären lassen.

Wein aus Steinobst

Kirschwein

Süß- und Sauerkirschen gut mischen, um zu einem ausgewogenen Säuregehalt zu kommen. Zum Mahlen der Früchte die Walzen so einstellen, daß die Steine nicht zerquetscht werden (Blausäure!), 2 Tage anmaischen, dann abpressen (vorher Zucker- und Säurewerte messen!), evtl. verbessern mit Zucker und 80%iger Milchsäure. Dann verfahren wie beschrieben.

Pflaumenwein/Zwetschgenwein

Ausreichend säurereiche Früchte ergeben einen Wein, der stark nach Sliwowitz schmeckt und in guten Jahren nicht einmal mit Zucker verbessert werden muß. Vorgehen wie bei Kirschwein.

Mirabellenwein

Mirabellen lassen sich auch gut mit Reneclauden (Ringlos) vermischen. Vorgehen wie bei Kirschwein, dabei unbedingt auf ausreichend Säureanteil achten, evtl. mit 80%iger Milchsäure (nach beiliegender Gebrauchsanweisung) verbessern, bis zu 8 Tage als Maische angären lassen, um höhere Saftausbeute zu erhalten, vor dem Abpressen Antigel zusetzen. In jedem Fall als Dessertwein ausbauen, also auf mindestens 100° Ö einstellen, evtl. nach dem Vergären etwas nachsüßen (schmeckt sonst leicht unausgewogen!).

Wein aus Beerenobst

Johannisbeerwein, rot und schwarz

Für alle Beerenobstsorten gilt, daß sie, trocken ausgebaut, geschmacklich nicht sehr überzeugen. Sie sollten daher verbessert und zu Dessertwein verarbeitet werden. Mehrere Tage anmaischen, Antigel zugeben, abpressen. Die ausgepreßte Maische (Trester) mit Wasser erneut ansetzen (pro kg 1 l), einen Tag ziehen lassen und nochmals abpressen; größere Ausbeute durch Erhitzung der Maische auf über 50°. Darauf achten, daß durch die Wasserzugabe der Säurewert nicht zu sehr sinkt. Die Verdünnung erfordert eine Zugabe von Hefenährsalz (Drogerie).

Tip: Bei schwarzem Johannisbeerwein kann statt Zucker Honig verwendet werden (wie im Altertum), schmeckt unglaublich gut!

Stachelbeerwein

Wird wie Johannisbeerwein behandelt. Bei der Säuremessung darauf achten, daß 9 g/l nicht unterschritten werden. Also nicht zu stark verwässern!

Himbeerwein

sollte nicht eigens angesetzt werden; geschmackliche Verbesserung erreicht man durch Zugabe von 50 % roten Johannisbeeren. Dann ausbauen wie beschrieben.

Brombeerwein

Maische ansetzen wie bei Johannisbeerwein, nach Abpressung Trester auflockern, erneut mit Wasser ansetzen, danach abpressen, zum Saft geben, auf 100° Ö stellen und ausbauen wie beschrieben.

Erdbeerwein

Anmaischen, Antigel zusetzen, mit 1 g/10 l Kaliumpyrosulfit schwefeln, 80%ige Milchsäure zugeben (oder mit Johannisbeeren verschneiden), dann wie üblich verfahren. Nach dem Vergären nachsüßen (schmeckt sonst leicht ›schief‹).

Wein aus Rhabarber

Der einzige Wein aus einem ›Gemüse‹, der auch schmeckt. Die Stiele werden kleingeschnitten, mit heißem Wasser überbrüht, dann abgepreßt, das Brühwasser dazugegeben (auf 1 kg Rohmasse 500 g Wasser), die enthaltene Oxalsäure mit kohlensaurem Kalk (2 g/l) entsäuern, Säure messen, evtl. 80%ige Milchsäure zugeben, vom Bodensatz abziehen und vergären wie angegeben (evtl. Hefenährsalz zugeben).

Wein aus Wildfrüchten

Heidelbeerwein

Vorgehen wie bei Johannisbeerwein, in jedem Fall Hefenährsalz zugeben, da Heidel- wie Preiselbeeren über zuwenig eigenen

Stickstoff verfügen; entweder Ammoniumsulfat: $(NH_4)SO_4$ oder Ammoniumphosphat: $(NH_4)_3PO_4$ – dies ist das einzige chemische Hilfsmittel, das zu einer besseren Gärung beiträgt: 4 g/10 l.

Holunderwein

Die schwarzen Beeren werden auf über 80° erhitzt (Zerstörung des schädlichen Stoffes Sambunigrin), anmaischen, etwas mit Wasser verdünnen (500 g auf 1 kg), Milchsäure, 80%ig zugeben, mit Zucker anreichern nach Geschmack, dann wie angegeben verfahren.

Schlehenwein

Gut ausgebaute Schlehenweine können zuweilen nicht einmal von Kennern von einem guten Rotwein unterschieden werden. Dazu ist jedoch eine längere Flaschenlagerung nötig (ähnlich ist es beim schwarzen Johannisbeerwein).

Um eine höhere Saftausbeute zu erhalten und um den Gerbstoffanteil abzusenken, muß die Schlehe einen Frost abbekommen haben oder kurzfristig in der Tiefkühltruhe eingefroren werden. Die Früchte werden zermahlen, angemaischt und als Dessertwein ausgebaut, ähnlich wie im Grundrezept bei Johannisbeerwein.

Hagebuttenwein

Hagebutten in jedem Fall einige Wochen nach der Ernte nachreifen lassen. Nach dem Mahlen mit 50° warmem Wasser übergießen (1 Liter auf 1 kg Früchte) und Maische behandeln wie angegeben, nach 10 Tagen abpressen, dann ausbauen wie Johannisbeerwein. Den Wein lange lagern lassen, im ersten Jahr dreimal abstechen, im folgenden zweimal. Dann abfüllen (er muß vollkommen klar sein) und nochmals lagern lassen. Es reift dann ein unvergleichlich aromatischer Wein heran.

Wein aus Speierling

Speierling ist eine Ebereschenart (sorbus domestica) und galt früher als *der* natürliche Verschnittwein für gehaltlosere, säurearme Fruchtsäfte. Wer davon bekommen kann (oder ihn im eigenen Garten anbaut wie ich), gibt dem jeweiligen Fruchtsaft (meistens Apfelsaft) 5–10 l auf 100 l zu. Wein aus Speierling wird entweder zum Abpressen zugegeben oder eigens vergoren: dann hat man eine eigene Reserve für andere ›schwache‹ Weine.

Ähnlich hilfreich bei der Weinbereitung sind alle wilden Apfelsorten (malus communis, pirus baccata), sie steuern dem Fruchtsaft fehlende Aromastoffe und Säure bei.

Wein aus Honig

Met

Honig ist biologisch gesehen ein außerordentlich stabiler Stoff, der von selbst nicht zum Gären gebracht werden kann. Zum einen muß Honig mit Wasser zu einer Art Saft verdünnt werden, zum anderen müssen Fruchtaromastoffe sowie Säure zugegeben werden. Met gewinnt daher an Geschmack, wenn ihm die gerade beschriebenen Moste oder Säfte von Speierling oder Wildapfelsorten zugesetzt werden: auf 1 kg Honig 2 l Wasser und 1 l Wildfruchtsaft. Der Honig wird in warmem Wasser (niemals über 40°, da sonst die typischen und wertvollen Honigbestandteile zerstört werden) aufgelöst. Nach dem Abkühlen Mostgewicht und Säure messen, evtl. noch zusätzlich verbessern, Hefenährsalz zugeben, zur Trubstoffanreicherung feines Weizenmehl zugeben (1 g/l), damit die Hefe eine optimale Angriffsfläche hat. Nun wie gewöhnlich vergären lassen. Zum Aromatisieren hängt man Gewürze und Holunderblüten oder auch Lindenblüten in den gärenden Met, ähnlich, wie der ›Wein-Artzt‹ es vor 200 Jahren beschrieben hat.

Maischegärung zum Brennen von Branntwein

In so manchem Herbst steht der Gartenbesitzer und Obstfreund vor schier unermeßlichen Mengen köstlicher Früchte. Sie wurden zu Saft verarbeitet, eingekocht, als Marmeladen und Gelees konserviert; das Obst wurde zum Teil roh gegessen, teilweise auch gekeltert, die Fäßchen oder Ballons für den Jahresbedarf an Wein füllten sich, und noch immer lagerte ein erklecklicher Rest des Erntesegens und wartete auf seine Verwertung.

Soll man ihn auf den Komposthaufen werfen oder verschenken oder gar am Baum, am Strauch hängen und verkommen lassen? Nein, wir wollen unser Obst in seiner ›geistvollsten‹ Art genießen: Warum soll nicht Schnaps daraus werden, und warum sollte mit diesem nicht wiederum Likör angesetzt werden können, angereichert durch das Aroma der eigenen Früchte?

Also, Schnaps soll gebrannt werden …

Die Leser, die jetzt mutmaßen: »Aha, nun erfahre ich endlich, wie ich unten in der Waschküche oder hinten in der Werkstatt eine kleine heimliche Destille einrichten kann«, diese Leser muß ich enttäuschen.

Ich beschreibe hier nicht, wie man Schnaps brennt, und das nicht nur, weil es verboten ist! Meine Gesundheit ist mir nämlich lieb und wert, schon allein aus dem Grunde verzichte ich auf eine selbstkonstruierte Brennvorrichtung, die zwar Schnaps brennen kann (das ist weiter keine Kunst), aber gleichzeitig viele schädliche und gesundheitsgefährdende Alkohole mitproduziert, die nur mit großem Sachverstand wieder ›herauszu-brennen‹ sind.

Sehen Sie im Branchenverzeichnis nach und erkundigen Sie sich nach einer Schnapsbrennerei in der Nachbarschaft. Es gibt mehr davon, als man gemeinhin denkt, besonders auf dem Land, wo ja auch das Obst wächst.

Einer Abfindungsbrennerei kann man seinen Maischebehäl-ter in den Hof stellen (mindestens 100 l), und man wird eines Tages seinen Schnaps abholen können. Äpfel und Birnen bringen (je nach Jahrgangsgüte) 5–9 Liter reinen Weingeist, Zwetschgen 4–6 Liter, Kirschen 7–10 Liter, Mirabellen (Marillen) ebenfalls 7–10 Liter. Der Brenner setzt den hochprozenti-gen Alkohol auf Trinkstärke herab, so daß man die eben genannten Werte zum Konsum verdoppeln kann.

Was man von dieser Alkoholmenge versteuern muß, wird von dem Brenner oder dem zuständigen Zollamt ermittelt; die Abgabenhöhe ist von Jahr zu Jahr verschieden, weil ja auch die Quantitäten und Qualitäten variieren.

Brennmaischen werden nicht anders angesetzt als die Mai-schen zur Weinbereitung, so wie sie hier im Buch beschrieben wurden. Auch sie sollten möglichst aus süßen Früchten beste-hen; davon hängt schließlich die spätere Alkoholausbeute ab. Aber auch die Säurewerte müssen stimmen, damit der Schnaps sein Aroma erhält. Zum Brennen eignen sich deshalb keinesfalls die minderwertigen Früchte, sozusagen der Abfall, dazu ist die Alkoholsteuer und die Brenngebühr zu hoch. Je besser die Frucht, desto besser der Wein beziehungsweise der Branntwein.

Zucker darf der Brennmaische *keinesfalls* zugegeben werden, das ist strafbar wegen der zusätzlichen, künstlich erzeugten Al-koholausbeute! Da der Saft der Maische mit der Mostwaage ge-messen wird, weiß man, wann der Zuckergehalt normal und wann er als außerordentlich hoch anzusehen ist. Im letzteren Fall sollte man eine Obstprobe in die Tiefkühltruhe legen. Falls das Zollamt (wegen der merkwürdigen Alkoholvermehrung!)

einschreitet, kann man mit dieser Obstprobe beweisen, daß der Natur nicht nachgeholfen wurde.

Die Brennmaische wird wie ein gewöhnlicher Wein in ihrem Behälter vollständig durchgegoren; zur Verbesserung des reintönigen Aromas und zur Steigerung der Alkoholausbeute ist die Zugabe von Reinzuchthefe erlaubt. Nach dem völligen Abschluß der Gärung (es wird nicht abgestochen!) kann die Maische zum Brennen gegeben werden. Den daraus ›erlösten‹ Alkohol kann man zu Hause pur trinken oder zu Likör bzw. ›Aufgesetztem‹ weiterverarbeiten.

Ansetzen von Likör

Wer einmal erfolgreich Wein hergestellt und sich aus eigenem Erntesegen einen ›Hochprozentigen‹ hat brennen lassen, dem wird sicherlich etwas fehlen, wenn er nicht auch seinen Likör selbst machen kann. Das ist nicht weiter schwierig, von keinen Gesetzen abhängig, und, was einigen sicher besonders wichtig erscheinen mag: man weiß auch hier, was man trinkt! Da werden keine Essenzen ungewisser Herkunft verarbeitet, sondern ausschließlich unsere eigenen Früchte.

Dabei will ich mich aber aufs Wesentliche konzentrieren und nicht näher auf Exotica wie Moccalikör, Bananen- oder gar Kokosnußlikör eingehen. Allein die eigenen Produkte aus dem Garten sollen durch den Alkoholauszug ›verbessert‹ werden, und davon auch nur die wichtigsten und aromatischsten Geschmacksträger: Beerenfrüchte, Steinobst und besondere Kräuter, die übrigens auch in einem Blumenkasten auf dem Balkon Platz finden mögen.

Dazu gibt es zwei Ansetzmethoden. Saftarme Geschmacksträger (Hagebutten, Schlehen, auch Kräuter) werden zerkleinert oder zermahlen und in 40–50%igen Alkohol eingelegt. Falls kein ›selbstgebrannter‹ Branntwein zur Verfügung steht, kauft man sich Brände aus Weizen, die relativ neutral sind und dem zugesetzten Fruchtaroma nichts Fremdartiges verleihen. Man kann aber auch in der Apotheke oder Drogerie 96%igen Alkohol kaufen (Primasprit) und ihn auf 50 % verdünnen (durch die Zugabe der gleichen Menge Wasser). Nun läßt man das Angesetzte einige Tage stehen und preßt es dann ab. Der ablaufende alkoholreiche Saft wird genau gemessen und weiter mit Zuckerwasser verdünnt. Die Menge des Zuckerzusatzes richtet sich individuell nach Ihrem Geschmack. Gewöhnlich gibt man auf 1 kg Saft 500 ccm Wasser + 200–250 g Zucker. Lieber weniger Zucker untermischen als zuviel; denn nachsüßen kann man immer!

Saft, also wasserreiche Früchte, wird nicht mit normalem Trinkbranntwein, sondern mit reinem Primasprit ›ausgezogen‹; der reine Alkohol bindet die Aromastoffe gründlicher an sich, als es selbst der beste Branntwein, gebrannt aus eigenen Früchten, könnte. Geschmacklich ist er darüber hinaus absolut neutral, was gewährleistet, daß dem Likör keine störenden Aromen beigegeben werden.

Sauerkirschlikör

1 kg Sauerkirschen (Süßkirschen haben weniger Aroma!) werden gewaschen und entkernt in 1 l Primasprit gelegt. Zur Geschmacksabrundung kann man einige zerstoßene Kerne dazugeben. Mindestens 14 Tage stehenlassen und dann abseihen. Der Sprit kommt ins Glas zurück und wird mit Zucker (wie gesagt, etwa 200–375 g/l), der in 250 ccm Wasser aufgelöst wurde, gesüßt.

Dann läßt man die Lösung wieder 14 Tage stehen, filtriert sie durch einen Kaffeefilter und füllt sie in Flaschen. Die zugestöpselten Flaschen werden stehend aufbewahrt.

Erdbeerlikör

Auf 1 kg Erdbeeren 1 l 40%igen Alkohol sowie eine aufgespaltene Vanillestange geben. Das Ansetzglas gut verschließen und an einem nicht zu kalten Ort einen Monat ziehen lassen. Dann den Saft abseihen.

Zucker in Wasser (wie oben) auflösen und mit dem Erdbeerschnaps vermischen. Nochmals einen Monat ruhen lassen und erst dann verbrauchen.

Je länger ein Likör lagert, desto weicher und runder wird sein Geschmack!

Quittenlikör

Vollreife Quitten kleinschneiden oder -raspeln, die Masse in einem Deckelgefäß einige Tage ruhen lassen. Dann den Saft auspressen und genau abwiegen. In ein großes Einmachglas füllen und pro Liter Saft 1 l 40%igen Alkohol zugeben. Dazu gleich Zucker nach Geschmack, eine kleine Zimtstange und einige Gewürznelken geben. Luftdicht verschließen und mindestens 3 Monate lang warten. Dann filtern, abfüllen und lieber noch einmal einige Wochen warten: es lohnt sich!

Schwarzer Johannisbeerlikör

Auf 1 kg Beeren rechnet man $1^{1}/_{2}$ l Kornbranntwein (oder Kirschbranntwein aus eigenen Früchten) und 500 g Zucker. Die Beeren werden zerdrückt, mit Zucker und Branntwein in eine weite Flasche gegeben, zugekorkt und an einen warmen Ort gestellt. Nach mindestens 2 Monaten wird abfiltriert und in Flaschen gefüllt. Nochmalige Lagerzeit ist unerläßlich, dadurch erhält dieser Likör ein unvergleichliches Aroma!

Hagebuttenlikör

1 kg Hagebutten werden mit 1 l 40–50%igem Alkohol übergossen. Die Hagebutten dazu grob hacken. Eine Vanillestange aufschlitzen, dazugeben und das Ganze für einige Wochen an die Sonne stellen. Dann abseihen, Zuckerwasserlösung zugeben (150 g in 250 ccm Wasser). Nochmals zwei Monate ziehen lassen, dann filtern und abfüllen. Hagebuttenlikör sollte erst nach einem halben Jahr getrunken werden.

Man sieht, im Prinzip gleichen sich all diese Liköre, was das Verhältnis Fruchtmenge, Alkoholgehalt und Zuckerbeigabe betrifft. Aus dem Grunde lassen sich die Obstsorten beliebig austauschen. Hier aber noch ein Beispiel, das nichts mit Obst zu tun hat:

Johanniskrautlikör

Johanniskräuter (ein verdauungsförderndes Mittel) werden in 50%igen Alkohol eingelegt. Dazu genügen 50 g Kräuter auf einen Liter. Die Mischung wird einige Wochen stehengelassen, dann abgeseiht, mit Zuckerwasser vermischt und nochmals für 6 Monate liegengelassen. Dann abfiltern und in Flaschen füllen.

Kochen mit Wein

Wer sich viel Mühe mit der Herstellung eigener Obst- und Beerenweine gemacht hat, wird sie nicht nur trinken, sondern auch als besondere Zugabe und Verfeinerung von Speisen nutzen wollen.

Ich habe hier einige Gerichte ausgewählt, die für Gegenden, in denen Wein (aus Trauben) angebaut wird, typisch sind, und solche, die ich selbst ausprobiert habe und gerne mag. Natürlich ist so eine Sammlung unvollständig; aber sie soll ja hauptsächlich als Anregung dienen. Beim Kochen mit Wein gilt nur folgender Grundsatz: die süßen, schweren Dessertweine (zum Beispiel von Erdbeeren oder Himbeeren) eignen sich besonders gut für Nachspeisen (also Aufläufe, Cremes, Gelees) und süße Suppen; die durchgegorenen, trockenen Weine dagegen für pikante Suppen, Saucen oder Marinaden.

Alle Rezepte sind für zwei Personen berechnet.

Weinsuppe mit geröstetem Weißbrot

¹/₄ l Fleischbrühe · ¹/₈ l Weißwein aus Trauben

2 Eigelb · Crème fraîche

Weißbrotwürfel nach Geschmack · etwas Zimt

Fleischbrühe und Weißwein zusammen erhitzen. 2 Eidotter mit etwas Crème fraîche verrühren und unter die Suppe heben. (Suppe nicht zu heiß werden lassen!) Alles so lange mit dem Schneebesen schlagen, bis die Suppe cremig wird. In der Zwischenzeit Weißbrotwürfel rösten. Die Suppe mit Salz und Pfeffer abschmecken, in Tellern anrichten und mit einem Zimthauch bestäuben.

Süße Johannisbeerweinsuppe

¹/₂ l Johannisbeerwein · 60 g Sago

80–100 g Zucker · etwas Zimt

etwas Orangenschale (von unbehandelten Früchten)

Johannisbeerwein erhitzen, Zucker und Sago zugeben. Nicht aufkochen lassen! Dann Zimt und Orangenschale zufügen und warten, bis sich der Sago aufgelöst hat. Eventuell noch süßen und heiß servieren.

Weinsuppe aus Apfel- oder Birnenwein

$^{1}/_{2}$ l Apfel- oder Birnenwein · 2 Eier

80–100 g Zucker · Zimt · Mehl

Zitronenschale (von unbehandelten Früchten)

Butter · Wasser · Weißbrotwürfel

Aus einem Teelöffel Mehl und ebensoviel Butter eine Mehlschwitze anrühren und diese mit etwas Wasser ablöschen. Eier, Zucker, Zimt und Zitronenschale mit dem Schneebesen darunterrühren. Anschließend den Wein zugeben und die Suppe vorsichtig erhitzen. Zum Schluß $^{1}/_{2}$ Eßlöffel Butter einrühren und die Suppe mit geröstetem Weißbrot servieren.

SAUCEN MIT WEIN

Weinsauce

$^{1}/_{8}$ l Weißwein aus Trauben · 1 Ei · 1 Eigelb

20–30 g Zucker

Schale und Saft einer (unbehandelten) Zitrone

$^{1}/_{2}$ EL Speisestärke

Eier, Zucker, Stärkemehl und Zitronenschale mit dem Schneebesen in einem Topf verrühren, bis die Creme schaumig wird. Unter weiterem Rühren Weißwein zugeben und den Topf ins heiße Wasserbad stellen. Zitronensaft darunterziehen und die Masse mit dem Besen weiterschlagen. Wenn die Sauce anfängt, dicklich-schaumig zu werden, ist sie fertig.

Weinschaumsauce

1/8 l Weißwein aus Trauben · 2 Eigelb

---

15 g Puderzucker

---

etwas Orangensaft · etwas Salz

Eigelb mit Zucker verquirlen, bis die Masse cremig wird. Weißwein zugeben und auf kleiner Flamme vorsichtig erhitzen. Weiterschlagen, bis die Sauce schaumig wird. Zum Schluß Salz zugeben und eventuell mit Zucker abschmekken.

Diese Sauce erst kurz vor dem Servieren herstellen. Wenn Sie einen süßen Wein nehmen, brauchen Sie nicht so viel Zucker.

Rotweinsauce

1/4 l Rotwein (nach Belieben aus Kirschen, Erdbeeren, Johannisbeeren, Himbeeren)

---

50 g Zucker · 1 Stange Zimt · 1 Nelke

Zitronenschale (von unbehandelten Früchten)

---

1 EL Stärkemehl · etwas Rum

Speisestärke mit etwas Wein glattrühren, restlichen Wein mit Zucker und Gewürzen erhitzen. Kurz vor dem Kochen das Stärkemehl einrühren und einmal aufkochen. Mit Rum nach Belieben abschmecken. Gewürze entfernen und heiß servieren.

Johannisbeerweinsauce

¹/₄ l Johannisbeerwein · ¹/₁₀ l Weinessig

¹/₁₀ l Wildsauce · 2 EL Johannisbeeren · Saft von ¹/₂ Zitrone

Johannisbeerwein, Weinessig und Wildsauce bis auf die Hälfte einkochen; anschließend Johannisbeeren und Zitronensaft einrühren.

Geflügelsauce aus Hagebuttenwein

¹/₈ l Hagebuttenwein (lange gelagert!)

braune Essenz vom Geflügelbraten · Saft von ¹/₂ Zitrone

Geflügelessenz (konzentrierter Fond) mit dem Hagebuttenwein einkochen und mit Zitronensaft abschmecken.

Diese Sauce wird als Zutat für die folgende Apfelweinsauce mit Pilzen benötigt.

Apfelweinsauce mit Pilzen

¹/₄ l Apfelwein (oder auch Birnenwein)

²/₁₀ l Hagebuttenweinsauce (siehe oben) · ¹/₂ kleine Zwiebel

1 EL Champignons · ¹/₂ EL Petersilie · etwas Butter · Salz

Die Zwiebel fein schneiden und in der erhitzten Butter kurz andämpfen, dann Apfelwein, Champignons und Petersilie dazugeben und zusammen weiterdämpfen. Eine Viertelstunde vor dem Servieren die Hagebuttenweinsauce unterrühren. Salzen und eventuell mit Worcestersauce abschmecken.

Weißweinsauce mit Tomaten

3 reife Tomaten · ½ kleine Zwiebel

ca. 50 g roher Schinken · ¼ l Weißwein aus Trauben

2 Schalotten · etwas roher Schinken

$\frac{1}{10}$ l weiße Sauce · weißer Pfeffer · Butter

Die halbe Zwiebel und den Schinken fein schneiden, in Butter
andünsten. Die Tomaten in Stücke schneiden, zur Zwiebel
und dem Schinken geben und mitdünsten. Derweil Schalotten,
Schinken und Weißwein kurz einkochen. Die weiße Sauce da-
zufügen und alles noch etwas kochen. Beide Saucen durch ein
feines Sieb streichen und zusammenrühren. Salzen und mit
einem Stück Butter verfeinern.

Marinade mit Wein

¼ l trockener Wein aus schwarzen Johannisbeeren

1 große Zwiebel · 1 gelbe Rübe · 1 Petersilienstengel

1 Zweig Estragon · 2 Schalotten

Pilzreste (wenn vorhanden) · Pfefferkörner

Gewürznelken · 1 Lorbeerblatt

Saft von einer Zitrone · Öl

Zwiebeln, Schalotten und gelbe Rüben in feine Scheiben
schneiden und mit den anderen Zutaten in eine Schüssel
geben, mit Johannisbeerwein, Zitronensaft und Öl vermengen.

In diese Marinade können Sie beliebige Fleischsorten einle-
gen. Für Wildfleisch sollte man jedoch statt des Weins Essig
nehmen.

Lammkoteletts mit Pflaumenwein

2 Lammkoteletts · ¹/₈ l Pflaumenwein · Butter

1 EL Hagebuttenweinsauce (siehe Seite 142) · etwas Kalbsbries

1 EL Champignons · Eier · Mehl · Semmelbrösel

Die Koteletts werden in Butter angebraten, mit Pflaumenwein begossen und kurz weitergedünstet.

In der Zwischenzeit wird aus der Hagebuttensauce, dem Kalbsbries und den Champignons eine Paste bereitet, die man erkalten läßt.

Die kalte Paste auf eine Seite der Koteletts streichen, die Koteletts in Eiern, Mehl und Semmelbröseln panieren und ausbacken.

Westfälischer Schinken in Hagebuttenwein

1 geräucherter Schinken (die übrigen Zutatenmengen richten sich nach der Größe des Schinkens)

Milch und Wasser · Suppenfleisch

1–2 Flaschen Hagebuttenwein · Zwiebeln · gelbe Rüben

Sellerie- und Petersilienwurzeln · Lorbeerblätter

Gewürznelken · Pfefferkörner

Der Schinken wird über Nacht in einer Mischung aus Milch und Wasser eingelegt. Am nächsten Tag wird der Knochen ausgelöst und der Schinken wieder zusammengebunden. Nun kommt er mit den oben angegebenen Zutaten in einen entsprechend großen Kochtopf. Sobald alles zu kochen beginnt, wird die Flamme ganz klein gestellt und der Schinken je nach Größe 2–4 Stunden lang gegart.

Bratwürste mit Schlehenwein

2 gute Fleischbratwürste· 3 kleine Zwiebeln

50 g Champignons · ¹/₂ Flasche Schlehenwein · Semmelbrösel

Die Bratwürste kurz anbraten, in 4 cm lange Stücke schneiden, die Haut abziehen und in einen Schmortopf geben. Inzwischen werden Zwiebeln und Champignons fein geschnitten und in Butter angedünstet. Einige Eßlöffel Semmelbrösel rösten und zusammen mit Zwiebeln und Champignons zu den Bratwürsten geben, alles mit dem Schlehenwein bedecken und etwa ¹/₂ Stunde kochen lassen.

Wildschweinkeule in Rotwein

1 Wildschweinkeule (die übrigen Zutatenmengen richten sich nach der Größe der Keule)

1–2 Flaschen Wein aus roten Trauben

¹/₄ l Fleischbrühe· Zwiebeln · gelbe Rüben

Petersilienwurzeln · 1 Sellerie · einige Lorbeerblätter

etwas Thymian · ¹/₂ EL Wacholderbeeren

einige Pfefferkörner · Gewürznelken

Die Wildschweinkeule mit einem Küchentuch abtrocknen, salzen und in einen entsprechenden Schmortopf legen. Dazu kommen die angegebenen Zutaten und der Rotwein. Der Topf wird zugedeckt und das Fleisch auf kleiner Flamme weich gedünstet. Wenn es gar ist, wird es auf einer Platte angerichtet und warm gestellt. Die Sauce durch ein Sieb seihen, entfetten, und bei starker Hitze einkochen; pikant abschmecken.

Baeckeofe oder Backeskartoffeln

500 g Kartoffeln · 1/8 l Weißwein aus Trauben

150–200 g gekochter Schinken (oder Dörrfleisch
oder gutes Wammerl/Bauchfleisch)

1/8 l Milch · Zimt · Pfeffer, Salz · Majoran

Kartoffeln schälen, in Scheiben schneiden und abwechselnd mit dem Schinken in eine Auflaufform schichten. Würzen (beim Zimt 1/2 Teelöffel, alles andere nach Belieben) und mit Milch und Weißwein übergießen. Im Rohr die ersten 20 Minuten mit geschlossenem Deckel überbacken, die restlichen 2–3 Stunden bei kleiner Hitze ohne Deckel backen.

Wer dieses Gericht noch ›gehaltvoller‹ mag, nimmt statt des Schinkens Rind-, Schweine- oder Hammelfleisch und Leber, schneidet es in Würfel und schichtet es wie den Schinken in die Auflaufform.

Kirschauflauf

4 alte Semmeln (Brötchen)

1/2 l Rotwein aus Trauben (oder Kirschwein)

2 Eier · Milch · 500 g saure Kirschen

Zucker · Zimt · Butter

Die Semmeln in fingerdicke Scheiben schneiden und mit dem Rotwein übergießen. 1/2 Stunde ziehen lassen und ab und zu umschichten, damit sie gleichmäßig durchfeuchtet werden.

Inzwischen verschlägt man die Eier mit 50 g Zucker, erhitzt $^1/_8$ l Milch und gießt die Milch kochend über die verschlagenen Eier. Dann stellt man die Masse auf den Herd und erhitzt sie unter ständigem Rühren so lange, bis das Gemisch cremig wird.

Nun wird eine Auflaufform ausgebuttert und mit einer ersten Lage Semmeln gefüllt, darauf kommen die entsteinten Kirschen, die mit Zucker und etwas Zimt überpudert werden, anschließend wieder eine Lage Semmeln. Darüber gießt man die Eiercreme und überbäckt das Ganze bei ca. 180° C im Backofen, bis sich die Oberfläche knusprig braun färbt.

DESSERTS MIT WEIN

Erdbeeren in Rotwein

500 g Erdbeeren · 2 EL Zucker · $^3/_8$ l Erdbeerwein

Erdbeeren putzen und vierteln, Zucker darüberstreuen und einige Stunden ziehen lassen. In Gläser geben und mit Erdbeerwein auffüllen.

Himbeerweingelee

500 g Himbeeren · 2 EL Zucker · $^3/_8$ l Himbeerwein
6 Blatt rote Gelatine · $^1/_8$ l süße Sahne · Zucker

Himbeeren putzen, Zucker darüberstreuen und einige Stunden ziehen lassen. Inzwischen die Gelatine nach Vorschrift auflösen

und in den erhitzten Himbeerwein rühren. Himbeeren in Gläser füllen und das Himbeerweingelee darübergießen; kalt stellen. Sahne schlagen, zuckern und auf das steifgewordene Gelee
setzen.

Weincreme mit Rhabarber

250 g Rhabarber · $^{1}/_{8}$ l Wasser · 50 g Zucker

$^{1}/_{8}$ l Weißwein aus Trauben · 1 Eigelb

1 EL Speisestärke · 1 Eiweiß

Rhabarber putzen, in Stücke schneiden und in Wasser weich-
kochen. Eigelb mit dem Zucker cremig rühren, Wein und
Stärkemehl dazugeben und kurz aufkochen. Den Rhabarber
unter diese Masse rühren. Etwas abkühlen lassen. Eiweiß zu
Schnee schlagen und unterziehen. In Gläser füllen.

Weißweingelee

*$^{3}/_{8}$ l Weißwein aus Trauben (oder anderen Wein,
auch aus Beeren und Obst)*

6 Blatt Gelatine (entsprechend dem Wein rot oder weiß)

2 EL Zucker

Wein langsam erhitzen, Gelatine nach Vorschrift verarbeiten
und zu dem erhitzten Wein geben. Etwas abkühlen lassen und
in Gläser füllen.

Je nach Weinart und Geschmacksrichtung können natürlich
verschiedene Gewürze zugegeben werden, z. B. Zimt, Koriander, Pfefferminze, Zitronenmelisse etc.

Gebratene Äpfel in Rotwein

¹/₂ Flasche roter Johannisbeerwein · 2 Boskop-Äpfel

2 EL Weichselkirschkompott

2 EL Zucker · Zimt

Orangenschale (von unbehandelten Früchten)

Die Kerngehäuse der Äpfel ausstechen, die Äpfel in feuerfeste Schalen setzen, mit dem Kirschkompott füllen, mit Zucker, Zimt und geriebenen Orangenschalen bestreuen. In jede Schale eine Hälfte des Weins gießen. Im Backrohr bei ca. 150° C etwa 20 Minuten backen.

Weichselkirschenkaltschale

500 g Weichselkirschen · 100 g Zucker

¹/₂ l Kirschwein

125 g Weichselkirschen werden mit etwas Zucker weichgekocht und kalt gestellt. Die übrigen Kirschen mit den Kernen zerstoßen. Aus etwas Kirschwein und dem Zucker einen Sirup kochen, über die zerstoßenen Kirschen gießen und einmal aufkochen, dann durch ein Sieb streichen. Den restlichen Wein dazugeben, mit den gekochten Kirschen vermischen und kalt stellen.

Fruchtsalat in Weißwein

500 g gemischte Früchte (Trauben, Äpfel,
Mirabellen, Kirschen, Bananen)

$1/4$ l Apfelwein · 2 EL Zucker

$1/10$ l Apfelschnaps oder Calvados

Früchte kleinschneiden und überzuckern. Ziehen lassen. Dann Apfelwein und -schnaps zugeben. Eventuell noch zuckern.

Omelett mit Wein

3 Eigelb · 3 Eiweiß · $1/8$–$1/4$ l Weißwein aus Trauben

2 EL Zucker · 80 g Mehl

Mit dem Schneebesen Eigelb und Zucker cremig schlagen, Mehl unterrühren, Wein darübergießen, so daß eine relativ flüssige Masse entsteht. Eischnee schlagen und unterheben. Das Omelett in einer Pfanne backen, mit Marmelade bestreichen und sofort servieren.

Punsch und Glühwein

Mit allen Obst- und Beerenweinen können Sie entsprechend den üblichen Rezepten Glühwein und Punsch ansetzen. Für Glühwein benutzen Sie die roten Weine, für Punsch können Sie beides, rote und weiße Weine, nehmen.

Das Wichtigste in Kürze

So entsteht Wein

- Zur Weinbereitung nur vollreifes, gesundes Obst verwenden
- Entweder nach dem Mahlen direkt abpressen, oder, bei dunkelfarbigen Früchten, als Maische vorgären lassen
- Nicht zu lange an der offenen Luft stehen lassen, damit sich keine schädlichen Mikroorganismen entwickeln können
- Mostgewicht mit der Öchslewaage feststellen: ein brauchbarer Obstwein sollte 60° Ö aufweisen
- Gesamtsäure bestimmen: ein guter Obstwein sollte einen Gesamtsäuregehalt von 6–8 g/l aufweisen
- Verbessert wird ein Most von zu niedrigem Zuckergehalt durch Zugabe von Kristallzucker. Um das Mostgewicht um 1° Öchsle zu erhöhen, gibt man pro Liter 2,6 Gramm Zucker zu
- Nachverbessert wird nur, wenn der Most zu sauer ist (wesentlich über 9 g/l)
- Die Säure wird erhöht durch Verschneiden mit saurem (Obst-)Saft oder durch Zugabe von 80%iger Milchsäure
- Entsäuert wird durch Naßverbesserung (Zugabe von Zuckerwasser) oder durch Zusatz von kohlensaurem Kalk: Um ein Gramm Säure pro Liter abzubauen, benötigt man 0,7 Gramm kohlensauren Kalk
- Als ›naturrein‹ kann ein Wein nur dann bezeichnet werden, wenn die Mostgewichts- und Säurewerte nicht verändert wurden. Die meisten Obst- und vor allem Beerenweine müssen aber verbessert werden, um überhaupt trinkbar zu

sein. Für den Hausgebrauch sind Anreicherung und Verbesserung bis hin zum schweren Dessertwein erlaubt; sie dürfen jedoch nicht verkauft werden.

- Zum Vergären benutzt man Glasballons (bis 50 l) sowie Plastiktanks (ab 100 l) oder Holzfässer (ab 20 l)
- Die Gefäße müssen sauber und schimmelfrei sein. Man muß sie durch einen Gäraufsatz so verschließen können, daß die bei der Gärung entstehende Kohlensäure entweichen, nicht aber Luft nach innen gelangen kann
- Die Temperatur im Gärraum sollte 15–20° C betragen
- Grundbedingung für eine ›reintönige‹ alkoholische Gärung ist die Unterdrückung aller wilden Hefen und schädlichen Bakterienstämme: man setzt Reinzuchthefe zu
- Das Gärgefäß darf nur zu $^4/_5$ gefüllt werden, damit der gärende Saft sich ausdehnen kann
- Bei warmem Wetter und bei nicht ganz einwandfreiem Gärgut, ob Saft oder Maische, sollte mit 5–10 g/100 l Kaliumpyrosulfit geschwefelt werden
- Die Gärung ist ein Umwandlungs- und Reinigungsprozeß, sie sollte ungestört ablaufen können
- Die Gärung ist beendet, wenn keine Kohlensäure mehr entweicht und der Aräometer 0° Öchsle anzeigt. Nach einer kurzen Ruhezeit wird zum ersten Mal abgestochen
- Nach dem ersten Abstich werden die einzelnen Werte nochmals gemessen und aufgeschrieben
- Der Gärbehälter wird spundvoll gefüllt und mit dem Gäraufsatz verschlossen
- Der Jungwein muß jetzt kühl lagern: 8–10° C sind optimal, der Wein baut sich weiter aus, er hellt sich auf, wird klar, bis er ›bauernhell‹ ist
- Dann erfolgt der zweite Abstich
- Später kann erneut abgestochen werden oder aber auf Flaschen gefüllt. Auch in der Flasche reift der Wein seinem Höhepunkt entgegen, bis er ihn überschreitet und allmäh-

lich wieder ›abbaut‹. Je nach Sorte, Jahrgang, Alkohol- und Säuregehalt dauert das Jahre, bei ganz schweren Dessertweinen sogar Jahrzehnte. Schwache Weine müssen – auch wenn sie auf Flaschen gezogen sind – schon im ersten Jahr getrunken werden.

Nachbemerkung

In diesem Buch ist von der Weinbereitung zu Hause und für den Eigenverbrauch die Rede. Der so hergestellte Wein muß nicht dem Weingesetz entsprechen, wenn es ausgeschlossen ist, daß er zum Verkauf angeboten wird.

Von ›naturreinen‹ Weinen spricht man, wenn sie ohne fremde Zusätze hergestellt und ›trocken‹ ausgebaut wurden. Das wird zumeist bei Weinen aus weißen und roten Weintrauben, aber auch bei Apfel- und Birnenweinen zutreffen. Alle ›verbesserten‹ Weine (Zucker- und Säureanreicherung sowie Säureverminderung) werden nicht naturrein genannt. Das Schwefeln des Weins ist davon unabhängig. Auch naturreine Weine dürfen geschwefelt werden.

Die Vorschläge zur Weinbereitung, welche und wieviel chemische und biochemische Hilfsmittel eingesetzt werden, basieren auf den Kellererfahrungen des Autors. Sie weichen z. T. bedeutend von den Angaben anderer Autoren ab. Der Autor hat damit brauchbare Ergebnisse erzielt, er übernimmt aber keine Haftung für die Erzeugnisse außerhalb seines Kellers: Guten und trinkbaren Wein herzustellen ist eine Ermessensfrage und Erfahrungssache!

Bezugsquellen

Alle Hilfsmittel zum Herstellen von Wein, vom Gäraufsatz bis zur Reinzuchthefe, erhält man in Drogerien oder in Geschäften für Kellereibedarf (in Weinbaugebieten).

Händlernachweis durch die Fa. Paul Arauner, Wörthstr. 34–36, 97318 Kitzingen.

Register

Kochen mit Wein (Rezepte)

Fit fürs Leben
mit den Kräften der Natur

Jay Kordich
Fit durch Säfte
*Schlank, gesund und
leistungsfähig mit Obst-
und Gemüsesäften*
08/9437

Earl Mindell
Die Vitamin-Bibel
*Vitamine - Bausteine für
ein gesundes und langes
Leben*
08/9453

Guy Claude Burger
Die Rohkosttherapie
08/9168

Leslie und Susannah Kenton
Kraftquelle Rohkost
08/9089

Gottlieb Ebel
Bienen-Segen
*Vitalkraft und Heilwirkung
der Bienenprodukte*
08/9448

Paul Uccusic
Doktor Biene
*Bienenprodukte - ihre Heil-
kraft und ihre Anwendung*
08/9465

Rose-Marie Nöcker
Heilerde
08/9028

Wilhelm Heyne Verlag
München

Gesunde Küche
leichtgemacht

07/4295

Außerdem erschienen:

Rose-Marie Nöcker
Sprossen und Keime
07/4325

Monika Kellermann
Milch, Quark, Joghurt & Co.
07/4625

Rose-Marie Nöcker
**Das große Buch der Sprossen
und Keime**
07/4632

Amadea Morningstar /
Urmila Desai
Die Ayurveda-Küche
07/4633

Rose-Marie Nöcker
Lichtkost
07/4640

Wilhelm Heyne Verlag
München

Kulinarische Reiseführer

Wilhelm Heyne Verlag
München